FACULTÉ DE DROIT DE PARIS.

DONATIONS ENTRE ÉPOUX

EN DROIT ROMAIN, DROIT COUTUMIER ET DROIT FRANÇAIS

THÈSE POUR LE DOCTORAT

PAR

Gustave HANAIRE

Avocat à la Cour impériale

PARIS

IMPRIMERIE DE MOQUET

11, Rue des Fossés-Saint-Jacques, 11

1866

FACULTÉ DE DROIT DE PARIS.

DONATIONS ENTRE ÉPOUX

EN DROIT ROMAIN, DROIT COUTUMIER ET DROIT FRANÇAIS

THÈSE POUR LE DOCTORAT

PAR

Gustave HANAIRE
Avocat à la Cour impériale

SOUTENUE

le Jeudi 7 Juin 1866, à 2 heures

En présence de M. l'Inspecteur-général **Ch. Giraud**

Président : M. COLMET DE SANTERRE, Professeur.

SUFFRAGANTS : MM. PELLAT, DURANTON — Professeurs; GÉRARDIN, DESJARDINS — Agrégés

PARIS
IMPRIMERIE DE MOQUET
11, Rue des Fossés-Saint-Jacques, 11
1866

MEIS ET AMICIS

DROIT ROMAIN

DONATIONS ENTRE ÉPOUX

INTRODUCTION.

> Sane non amare nec tanquam inter infestos jus prohibitæ donationis tractandum est, sed ut inter conjunctos maximo affectu, et solam inopiam timentes. (L. 28, § 2. *De donat. inter virum et uxorem.*)

Nous allons étudier la matière des donations entre époux, depuis la période romaine jusqu'à nos jours; nous les verrons tantôt prohibées, tantôt permises, selon les différentes époques qu'elles eurent à traverser. Ces variations tiennent à ce que le législateur se trouvait en présence de deux principes qu'il fallait concilier : d'une part, il fallait donner satisfaction aux désirs légitimes de deux époux qui veulent se laisser des témoignages de leur mutuelle affection; d'autre part, éviter que par une trop grande facilité l'un des époux ne s'enrichît aux dépens de l'autre.

A Rome, tant que le mariage sut garder toute sa pureté, tant que le divorce ne devint pas une arme entre les mains du plus cupide, les donations entre époux furent permises sans aucune restriction; mais après la conquête du monde, la soif des richesses ne se fit pas longtemps attendre; des luttes intestines éclatèrent bientôt au sein de la République, et dans ce bouleversement général peu s'en fallut que le mariage ne disparût à la suite des autres institutions; il se maintint néanmoins, mais comme une charge que l'on évitait, ou que l'on ne consentait qu'avec peine à supporter.

C'est alors que l'on vit mettre à prix le maintien du mariage ; le plus faible des époux n'évitait le divorce qu'au prix de sa fortune. Un tel état de choses ne laissa pas que d'émouvoir l'esprit des jurisconsultes romains. Pour écarter du mariage toute idée de vénalité, ils firent prohiber les donations entre époux. Si l'on cherche à préciser l'époque à laquelle fut introduite cette prohibition, nous trouvons une disposition de la loi Cincia, qui nous montre le lien du mariage encore respecté à cette époque, et par suite, les donations entre époux encore permises ; en effet, cette loi, tout en prohibant les donations d'une manière générale jusqu'à un certain taux que nous ignorons, exceptait de la règle certaines personnes favorables, entre autres les époux. La loi Cincia fut rendue vers l'an 550 de la République ; c'est donc entre cette époque et le commencement de l'Empire qu'il faut placer l'origine de la prohibition des donations entre époux.

Des auteurs allemands, et parmi eux M. de Savigny, font remonter cette prohibition à une époque plus ancienne. Le savant romaniste dont j'ai cité le nom s'étonne de voir parmi les personnes exceptées par la loi Cincia précisément les époux ; il pense que ces personnes devaient, comme les autres, être atteintes par l'incapacité générale de recevoir ; il suppose alors que l'exception dont parle cette loi n'avait trait qu'à certains cas où les donations entre époux restèrent permises ; telles étaient les donations *mortis causa*, *exsilii*, *divortii* ou *honoris causa*. Nous ne saurions adopter cette opinion ; les fragments des jurisconsultes qui ont écrit sur cette loi nous prouvent que l'exception introduite en faveur des époux avait une portée générale. Écoutons, au reste, ce que nous dit M. Pellat dans son savant Commentaire des textes sur la dot : « Les exceptions apportées à la prohi-
« bition des donations entre époux ont été, pour
« la plupart, introduites par des constitutions
» impériales ou par une jurisprudence posté-
« rieure à la loi Cincia. » Cette simple observation détruit complétement le système de M. de

Savigny ; elle nous prouve que la loi Cincia, en permettant les donations entre époux, ne pouvait se référer à des exceptions introduites trois siècles plus tard. (La loi Cincia avait deux chefs dont l'un est en dehors de notre matière, il traitait de l'assistance que le patron devait donner à ses clients devant les tribunaux. La découverte des fragments du Vatican nous valut la connaissance de quelques textes sur cette loi ; malheureusement, leur insuffisance a laissé encore bien des points dans l'obscurité ; l'on ignore, par exemple, quel était le taux de la donation permise. L'on admet cependant généralement, par analogie avec la loi *Furia testamentaria*, que la donation ne pouvait dépasser mille as.)

La prohibition des donations entre époux ne dut apparaître que vers la fin de la République, à une époque où le scandale du divorce faisait irruption. Cette défense n'est pas l'œuvre d'une loi spéciale; elle est le résultat d'une jurisprudence coutumière : « *Moribus apud nos receptum est, ne inter virum et uxorem donationes valerent,* » nous dit Ulpien, (loi 1re *De donationibus inter virum et uxorem. Dig.* liv. 24, tit. 1er). Le même jurisconsulte nous expose l'un des motifs qui firent introduire cette nouvelle règle : « *Hoc autem receptum est ne mutuato amore invicem spoliarentur, donationibus non temperantes, sed profusa erga se facilitate.* » L'on craignait que l'un des époux ne se laissât aller à des libéralités exagérées, par suite d'une tendresse irréfléchie. Il y avait encore un autre motif d'un ordre moral moins élevé, et cependant, selon toute apparence, ce fut le plus influent. « Sextus Cæcilius « et illam causam adjiciebat : quia sæpe futu- « rum esset ut discuterentur matrimonia si non « donaret is qui posset : atque ea ratione even- « turum ut venalitia essent matrimonia.» (Loi 2, *Paul*, Dig. *nost. tit.*)

Cette prohibition est une preuve de l'effort que firent les jurisconsultes dans le but de régénérer le mariage ; mais ce n'était encore qu'un bien faible palliatif en présence de la corruption des mœurs, qui éloignait de plus en plus les Romains des justes noces. Les lois Julia et Papia Poppæa, rendues sous Auguste, sont encore un témoignage des efforts qui furent tentés dans cette voie ; leur but était de pousser les citoyens au mariage et à la procréation des enfants ; pour cela, elles accordaient de nombreuses faveurs, dans l'ordre politique et civil, aux personnes mariées qui avaient des enfants ; elles frappaient, au contraire, de certaines incapacités les *cœlibes*, célibataires, gens non mariés, et les *orbi*, personnes mariées qui n'avaient pas d'enfants. Les premiers étaient frappés d'une incapacité absolue de recevoir par testament ; les seconds subissaient un retranchement de moitié sur les libéralités testamentaires qui leur étaient destinées. Ces lois établissaient de nouveaux cas de caducité dans les testaments ; de là, le nom de lois caducaires ; elles prenaient encore un autre nom lorsqu'elles s'appliquaient aux époux; elles s'appelaient alors lois décimaires, du nom des *decimæ* qu'elles accordaient aux époux soit *jure matrimonii*, soit par chaque enfant d'un premier lit. Un enfant commun, mais *amissus* augmentait d'un dixième la quotité disponible entre époux par testament. En certains cas, cependant, les époux avaient la *solidi capacitas ;* par exemple, si les époux n'avaient pas encore atteint l'âge voulu par la loi, ou si au contraire, ils avaient atteint celui auquel il ne leur était plus donné davoir des enfants ; enfin, un enfant commun donnait aux époux la *solidi capacitas*, c'est-à-dire la faculté de s'avantager par testament jusqu'à concurrence de la quarte réservée aux enfants légitimes. (*Ulpien*, XV *de decimis*, et XVI *de solidi capacitate*. Règles.)

En résumé, l'histoire des donations entre époux, dans la période romaine, nous montre à l'origine une liberté absolue de se gratifier entre vifs, plus tard une prohibition complète : c'était tomber d'un excès dans un excès contraire; aussi verrons-nous, dans le courant de l'étude de cette matière, apparaître, sous le règne de Septime-Sévère, un sénatus-consulte rendu sur la proposition de Caracalla, dont le but était d'éviter ce qu'avait de rigoureux la législation antérieure. A partir de ce sénatus-consulte, les donations sont permises entre époux : c'est un retour vers le passé; mais comme l'expérience avait montré que des abus étaient possibles, le sénatus-consulte apportait à cette prohibition un puissant correctif : c'était la faculté de révoquer *ad nutum*. Ainsi se trouvait sauvegardée la liberté individuelle de chacun des époux : liberté de donner, faculté de révoquer.

Réduits à de telles proportions, la donation entre époux se rapprochait de la donation à cause de mort; aussi verrons-nous les jurisconsultes romains, entre autres Ulpien, lui en appliquer la plupart des dispositions.

Les travaux des jurisconsultes romains, tels que Celse, Gaïus, Papinien, Paul, Ulpien, puis les constitutions impériales, des édits, enfin la jurisprudence des préteurs, avaient à peu près complétement élucidé les principales difficultés de notre matière; il ne restait plus à Justinien qu'à trancher certaines controverses encore existantes. Avant lui, le célibat lui-même n'était plus une source d'incapacités : une constitution de Constantin et Théodose avait accordé à toute personne le *jus liberorum* et aboli la législation sur les Decimæ : « Sit omnibus æqua conditio » capescendi. Quod quisque mereatur. » (Cod.

Just., liv. VIII, tit. LVIII, *de infirmandis pœnis cælibatus, et tit.* LIX, *de Jure liberorum*)

DIVISION DE LA MATIÈRE.

Pour procéder avec ordre à l'étude de notre matière, nous nous occuperons, en premier lieu, de la prohibition des donations entre époux et des exceptions à cette règle; en second lieu, de la nullité qui résulte de cette défense; enfin, dans une troisième partie, nous étudierons l'importante modification introduite par le sénatus-consulte rendu au temps de Septime-Sévère.

PREMIÈRE PARTIE.

PROHIBITION DES DONATIONS ENTRE ÉPOUX.

« Moribus apud nos receptum est, dit Ulpien, ne inter virum et uxorem donationes valerent. » (Loi 1re, *de Donationibus inter virum et uxorem.*) *Moribus :* la prohibition des donations entre époux ne dérive pas d'une loi formelle, elle appartient à cette source du droit écrit que les Romains appelaient *Jus non scriptum.* L'on entendait par là l'expression d'une coutume invétérée dans les mœurs. Cependant quelques auteurs ont élevé des doutes sur cette interprétation; ils pensent que l'interdiction dont nous nous occupons dérive de l'*auctoritas prudentum;* ces auteurs fondent leur opinion sur la foi d'un scholiaste des Basiliques, qui paraphrase ainsi le texte d'Ulpien : « Ex consensu prudentum non scripto (hoc enim » est quod dicitur moribus.) D'après ce texte il n'y aurait pas de différence entre l'*auctoritas prudentum* et le *jus non scriptum*. Nous voyons, au contraire, dans les Instituts de Justinien, que l'on regardait les réponses des prudents comme faisant partie du droit écrit, et que l'on appelait *jus non scriptum* le droit introduit par les mœurs et les usages du peuple romain. Un passage des Topiques de Cicéron nous prouve qu'à son époque ces deux sources du droit étaient déjà parfaitement distinctes. Observons, en passant, que les réponses des prudents n'étaient pas toujours rangées parmi les sources du droit écrit; une telle autorité n'était reconnue qu'aux écrits émanés de jurisconsultes éminents dans la science du droit; encore fallait il leur accord unanime : « Prudentum omnium si in unum sententiæ concurrant, id quod ita sentiunt legis vicem » obtinet; si vero dissentiunt, judici licet quam » velit sententiam sequi; idque rescripto divi » Hadriani significatur. » (Gaïus, livre 1er de ses *Commentaires*, § 7; et *Instituts* de Justinien, § 8).

La condition *sine qua non* sans laquelle il ne

pouvait y avoir lieu à cette prohibition était l'existence d'un mariage valablement contracté; encore fallait-il qu'il s'agît d'un mariage laissant à la femme une partie de son indépendance; il ne pouvait être question de la prohibition des donations entre époux lorsqu'il y avait eu ce que les commentateurs modernes appellent mariage rigoureux; car la femme tombait alors *in manu mariti*, et le mari acquérait sur elle la puissance maritale absolue; la femme *in manu* entrait dans la famille du mari pour y être traitée *loco filiæ*; elle ne pouvait plus rien posséder en propre ni acquérir pour elle-même; une telle situation la rendait évidemment incapable de rien donner à son mari; de son côté celui-ci ne pouvait rien lui donner, car toute chose acquise par la femme *in manu* devait appartenir immédiatement au mari; il ne pouvait se donner à lui-même. La *confarreatio* pour les patriciens, la *coemptio* et l'*usus* pour les plébéiens, telles étaient les différentes sortes de mariages dont l'effet était de mettre la femme *in manu mariti*. La *confarreatio*, la *coemptio* et l'*usus* finirent, du reste, peu à peu par disparaître pour ne laisser place qu'à des mariages qui laissaient à la femme une plus grande indépendance, et que l'on appela mariages libres par opposition aux mariages rigoureux.

Le mariage libre laissait à la femme un patrimoine distinct de celui de son mari; elle pouvait acquérir par elle-même et pour elle-même ; elle était capable de donner et de recevoir. La prohibition des donations entre époux avait dès lors sa raison d'être.

Supposons donc un mariage de cette nature ; s'il y avait eu donation entre époux, cette donation était frappée d'une nullité radicale.

Il fallait qu'il y eût *justæ nuptiæ;* d'où il suit que si le lien qui unissait les deux époux était d'un ordre inférieur au mariage, la donation restait permise ; ainsi la donation était autorisée entre concubins, et restait irrévocable alors même que le mariage venait remplacer l'union illicite. (Loi 31, *de Donationibus.*) L'on trouve cependant au Code une constitution, émanée de l'empereur Antonin, qui paraît en contradiction avec cette décision; mais il n'y faut voir qu'une disposition favorable aux militaires, comme nous le démontrent les termes mêmes de cette constitution : « Milites meos a focariis suis fictis adulationibus spoliari nolo. » M. de Savigny justifie cette exception en disant que ce texte suppose sans doute qu'il y avait eu un défaut de forme dans la donation ; il est plutôt probable que la faveur des militaires fut le seul motif de cette dérogation. (Plus tard, les empereurs Arcadius et Honorius, Valentinien et Gratien appliquèrent à tout citoyen ce qui, jusqu'alors, n'avait été qu'une disposition de faveur pour les militaires ;

ils généralisèrent la constitution d'Antonin : l'homme qui avait encore sa mère, ou des enfants légitimes existants, ne pouvait disposer, en faveur de sa concubine et de ses enfants, que du douzième de ses biens : *unciam*. Il ne pouvait donner que trois douzièmes, même s'il n'avait ni enfants légitimes, ni père ni mère. Enfin, si la concubine n'avait pas d'enfants du donateur, elle ne pouvait recevoir qu'un vingt-quatrième. Justinien abrogea ces dispositions et ne frappa d'incapacité les enfants naturels et leur mère que dans le cas de concours avec des enfants légitimes. (Cod., loi 2, livre V, titre XXVII, et novelle 89.)

Les donations étaient donc permises entre concubins; mais ici se présente une grave difficulté, sur laquelle les jurisconsultes romains eux-mêmes étaient loin de s'accorder.

Quand y avait-il mariage, quand y avait-il concubinat? Quelle était la ligne de démarcation entre ces deux institutions? Y avait il un critérium qui permît de les distinguer? Il est difficile de répondre à cette question d'une manière complètement satisfaisante. L'existence du mariage ou du concubinat résultait de l'appréciation des faits; l'on conçoit combien la vérité devait être difficile à établir avec des bases aussi fragiles. Ulpien nous donne des exemples de cas où, bien certainement, il n'y avait point mariage; la question ne saurait être douteuse pour les exemples qu'il choisit, car il suppose des mariages contractés au mépris de certaines prohibitions : ainsi le mariage était prohibé entre un sénateur et une affranchie, et cela, dit Ulpien, en vertu d'un sénatusconsulte dont il ne cite pas le nom. (L. 3, § 1er, *De donationibus inter virum et uxorem.*) Un texte de Paul, qui nous rapporte la même prohibition, est plus explicite : il nous montre que le sénatusconsulte dont il s'agit fut rendu sur la proposition de Marc Aurèle : « Oratione divi Marci cavetur ut si senatoris filia libertino nupsisset, nec nuptiæ essent : quam et senatusconsultum secutum est. » (Loi 16, *De ritu nuptiarum.*)

Il y a lieu de s'étonner, de voir Ulpien, et surtout Paul, attribuer à un sénatusconsulte la défense de mariage entre les personnes dont ils parlent ; en effet, nous voyons Paul, dans une loi du même titre précité, attribuer cette défense à la loi Julia et Papia ; ce jurisconsulte expose le texte même de cette loi et le développe ensuite. (Loi 44, *De ritu nuptiarum.*) Il est impossible de supposer un seul instant que Paul ait pu se mettre à ce point en contradiction avec lui-même. Aussi, admet-on généralement que la loi Julia et Papia, tout en établissant des prohibitions de mariage entre certaines personnes, n'entendait pas établir des nullités de mariage, mais seulement des incapacités, au cas où l'on enfreignait ses dispositions. A l'époque où cette loi fut rendue, le mariage existait encore civilement entre un sénateur et une affranchie, et entre la fille d'un sénateur et un affranchi; mariées valablement à tous autres égards, ces personnes ne l'étaient point au regard de la loi Julia et Papia : cette loi punissait des peines du célibat ceux qui se mariaient au mépris de ses dispositions. Ce ne fut que sous Marc-Aurèle, et sur la proposition de ce prince dans le Sénat, que la violation des prohibitions du mariage entre certaines personnes devint une cause de nullité.

Ulpien, dans la loi 3 de notre titre, nous donne un deuxième exemple d'empêchement légal : c'est le cas où un fonctionnaire romain épouse une femme de la province où il exerce ses fonctions; le motif de cette prohibition est facile à comprendre : on craignait les abus d'influence. Cette prohibition résulte peut-être aussi de motifs politiques d'une plus haute importance : Rome ne voulait point que des gouverneurs pussent prendre un trop grand attachement pour le pays qu'ils gouvernaient, et il était à craindre, en effet, qu'ils ne s'y fissent un parti prêt à secouer le joug de la Métropole.

Le mariage était encore prohibé entre un tuteur et son ex-pupille; en effet, le mariage exige pour sa validité, un consentement libre et éclairé; il était à craindre que la liberté d'action ne fût pas entière chez une ex-pupille en présence de son tuteur.

Tout mariage, contracté au mépris des prohibitions ci-dessus énoncées, était nul ; par suite, les donations entre époux devaient rester valables comme faites entre personnes étrangères; c'est ce que nous dit Ulpien dans la loi 3 précitée ; mais il se hâte d'ajouter que l'on n'en frappait pas moins ces donations d'une nullité radicale, par ce motif qu'il eût été injuste d'accorder aux délinquants la récompense de leurs délits : *ne melior sit conditio eorum qui deliquerunt.* De telles donations étaient donc frappées d'une nullité complète ; le donataire devait restituer ce qu'il avait reçu ; mais à qui cette restitution devait-elle être faite ? Etait-ce toujours au donateur? Non; car c'était peut-être le seul coupable aux yeux de la loi. Etait-ce toujours au fisc? Non encore ; car c'eût été quelquefois punir une personne innocente.

Voici la distinction que les jurisconsultes romains avaient adoptée à cet égard : on distinguait entre le cas où le donataire était la personne coupable, et le cas où c'était, au contraire, la personne digne de la protection de la loi. Au premier cas, la donation était perdue pour le donateur comme pour le donataire : c'était le fisc qui en profitait. Les tuteurs ou gouverneurs qui avaient ainsi été gratifiés, soit par donation, soit par legs, ou qui avaient été institués héritiers par leur prétendue épouse, étaient jugés indignes de la libéralité : *Quasi ut indignis aufertur.* (Loi 2, *de his quæ ut indignis auferuntur.* Marcien, liv. XXXIV, tit. IX, au Digeste.) Au second cas, c'est-à-dire lorsque le donataire était la personne que la loi voulait protéger, la libéralité était au contraire maintenue : « Magis est, nous « dit Marcien dans la même loi, ut dicatur uxo- « rem capere ex testamento ; nec quasi indignam « repellendam esse. »

Nous voyons d'après ces textes, que la donation était perdue, même pour le donateur, lorsque l'époux donataire était le gouverneur ou le tuteur; mais une loi plus favorable (loi 7, Code, livre V. titre XVI,) vint plus tard accorder à la femme qui avait ainsi fait des libéralités à son mari le droit de primer le fisc et de répéter ce qu'elle avait donné. Le texte dont nous parlons est un rescrit d'Alexandre ; il n'accorde à la femme qu'une action utile, parce qu'en réalité la nullité du mariage entraînait comme conséquence la validité de la donation.

Nous venons de citer des cas d'empêchements légaux dérivant de la personne contractante ; il en existait d'autres résultant de l'absence de l'une des trois conditions suivantes : 1° La puberté chez chacun des contractants ; 2° Un consentement manifesté librement ; 3° Le *jus connubii.* La réunion de ces trois conditions était nécessaire à la validité du mariage.

Lorsque le mariage était annulé, les donations faites entre époux n'en restaient pas moins nulles comme faites sans cause. Cependant, un texte d'Ulpien décide que, dans le cas de nullité de mariage pour défaut de puberté, la donation n'en restait pas moins valable si des fiançailles avaient précédé l'union ; le motif en était que la donation pouvait alors être considérée comme faite entre fiancés. Il en était autrement s'il n'y avait pas eu contrat de fiançailles ; la donation ne pouvait plus alors être maintenue à aucun titre ; l'on ne pouvait la considérer ni comme faite entre fiancés, puisqu'il n'y avait pas eu contrat de fiançailles, ni comme faite entre époux, puisque le mariage entre ces personnes était impossible. La donation était réputée faite sans cause ; il y avait lieu à la *condictio sine causa*.

Nous venons de parler du contrat de fiançailles, ceci nous mène à dire un mot de ce contrat et des dons entre fiancés. Il était d'usage, à Rome, de faire précéder les noces par des fiançailles, *sponsalia* ; elles étaient ainsi appelées parce que les parties y prenaient l'engagement réciproque de se prendre pour mari et femme. Un tel contrat n'était point un obstacle aux libéralités dont les parties voulaient se gratifier ; nous avons vu même tout à l'heure, que les fiançailles servaient à motiver la donation entre personnes incapables de contracter mariage à cause de l'impuberté de l'une d'elles. Les dons entre fiancés étaient considérés comme des donations entre personnes étrangères ; ils étaient par conséquent irrévocables ; il pouvait arriver, toutefois, que la donation fût faite sous condition que le mariage s'ensuivrait ; alors, la donation était nulle si le mariage n'avait pas lieu.

En résumé, tant qu'il n'y avait point mariage, la donation était valable; elle était encore valable le jour même des noces, si, au moment où elle avait lieu, il n'y avait pas encore mariage. Mais à quel moment pouvait-on être certain qu'il y avait mariage ?

C'est là une véritable difficulté; le mariage était resté, en effet, chez les Romains au rang des actes privés. Les cérémonies religieuses qui dans l'usage accompagnaient le mariage, la rédaction d'un *instrumentum dotale* n'étaient pas des formalités indispensables à la validité du mariage. La présence même de la femme chez le mari n'était pas nécessaire, car Ulpien nous dit dans la loi 30, *de regulis juris* : « Nuptias non « concubitus, sed consensus facit. » Le mariage était accompagné, il est vrai, d'une certaine pompe : des fleurs jonchaient le sol que la future épouse foulait aux pieds pour se rendre au domicile du mari ; mais rien de tout cela n'était nécessaire à la validité même du mariage ; l'omission de la *pompa*, *aliaque nuptiarum celebritas* n'empêchait pas le mariage d'être valable, si, ajoutent les textes, les personnes unies étaient de condition égale, et qu'entre elles il n'y eût aucun empêchement aux *justæ nuptiæ*.

Parmi les textes qui traitent du mariage, les uns parlent du seul consentement comme faisant le mariage; d'autres semblent exiger quelque chose de plus : la *deductio in domum mariti*. Fallait-il donc qu'il y eût translation réelle de la femme sous le toit conjugal; fallait-il qu'il y eût mise en possession de sa personne aux mains du mari? Cette question a divisé les interprètes. L'opinion la plus généralement admise, c'est qu'il faut appliquer au mariage les règles des contrats consensuels; elle s'appuie sur des textes nombreux qui établissent d'une manière formelle que c'était le seul consentement, l'accord des parties qui formaient le mariage. (Loi 30, *de regulis juris;* loi 66, *de Donationibus inter virum et uxorem*.) Le mariage existait donc, d'après cette opinion, lorsque les parties avaient exprimé la volonté d'établir entre elles le lien conjugal.

Ce système fut néanmoins vivement attaqué par un savant professeur de notre Faculté, M. Ortolan. « Je pense, dit-il, au contraire, que le mariage romain était du nombre des contrats réels, et que semblable à tous ces contrats il n'existait que par la tradition, *re contrahebatur*; il fallait nécessairement qu'il y eût tradition de la femme au mari, que la femme eût été mise à la disposition du mari; jusque-là, il n'y avait que mariage projeté. Les contrats consensuels peuvent se faire entre absents, par lettres, par messager : il n'en est pas de même du mariage. C'est donc que l'on exigeait autre chose que le seul consentement... Un certain acte était nécessaire; cet acte, c'était la tradition de la femme au mari. Les expressions *uxorem ducere*, pour dire se marier, suffiraient pour en faire pressentir la démonstration..... Il fallait que le mari fût mis d'une manière quelconque en possession de la femme. (Ortolan, *Explication historique des Instituts*, liv. I, tit. x, *de Nuptiis*; et dans *la Thémis*, année 1830, t. X, p. 496.)

Dans ce système, M. Ortolan explique aisément pourquoi certains textes n'exigent que le consentement, tandis que d'autres exigent la *deductio in domum*. C'est que les premiers supposent les deux époux en présence; la femme se met alors elle-même aux mains du mari, et le seul consentement suffit pour opérer la tradition; les seconds, ceux qui exigent la *deductio in domum*, supposent l'absence du mari; en ce cas il faut que la femme manifeste son consentement en se rendant au domicile du mari. C'est par cette volonté d'avoir une habitation commune que le mari absent saura si la future a accepté le mariage qu'il lui proposait. La femme devait donc manifester son consentement, soit en présence de son mari, s'il était présent, soit en se rendant au domicile conjugal, si le mari était absent. »

Telle est l'opinion savamment développée par M. Ortolan dans les ouvrages de droit romain dont il a doté la science; elle nous paraît parfaitement conforme à l'idée que les Romains se faisaient du mariage : chez eux, cette institution était principalement un état de fait que l'on définissait : « Viri et mulieris conjunctio individuam « vitæ consuetudinem continens. » Une simple manifestation de volonté eût été insuffisante pour constituer cette *individua vitæ consuetudo*. La communauté d'existence était de l'essence du mariage, c'est pour cette raison que l'on voit le *postliminium* être impuissant à réintégrer le captif dans ses droits de mari. Il recouvrait sa famille, sa qualité de citoyen romain ; mais son mariage restait rompu parce que l'existence commune avait cessé. La femme pouvait reprendre son ancien mari, mais l'on disait d'elle qu'elle n'était plus dans le mariage, alors même qu'elle n'avait pas cessé d'habiter le domicile du captif : « Captivi uxor, tametsi maxime velit et in « domo ejus sit, non tamen in matrimonio est. » (L. 12, § 4, *De captiv. et post. revers.*)

Habitation commune, communauté d'existence, tels étaient les éléments nécessaires des justes noces; pour cela il fallait que la femme fût mise d'une manière quelconque à la disposition du mari. Cette opinion, qui a rallié un grand nombre de partisans, n'est cependant pas non plus sans contradicteurs.

M. Machelard, dans sa *Dissertation sur les donations entre époux,* n'adopte pas complétement l'opinion de M. Ortolan. Suivant ce savant professeur, ce serait une erreur que de vouloir faire rentrer les *nuptiæ* dans l'une ou l'autre des quatre classes de contrats destinés uniquement à régler des rapports pécuniaires. « Nous « ne repoussons pas, dit-il, l'expression de con« trat appliquée aux *nuptiæ*; elle se retrouve « souvent dans la bouche des jurisconsultes « romains; mais il faut dire, en même temps, « que c'était un contrat avec un but tout par« ticulier, n'ayant rien de commun avec les « conventions portant ordinairement ce nom. Le « caractère propre des contrats est de produire « une action, et l'on serait bien embarrassé de « dire quelles actions produisaient les *nup*« *tiæ.* »

Selon M. Machelard, le mariage eût été à Rome une convention d'une nature mixte, se formant, tantôt par le seul consentement, tantôt exigeant quelque chose de plus : la tradition de la femme.

En cas de présence des deux époux, le mariage se faisait *solo consensu*. La nécessité d'une tradition ne se trouve nulle part exprimée; elle est même repoussée par les textes, qui déclarent le *concubitus* inutile pour former le mariage. « Nuptias non concubitus sed consensus facit. »

En cas d'absence du mari, le simple consentement devenait insuffisant pour marquer l'adhésion de la femme au mariage; il fallait alors qu'elle manifestât sa volonté de devenir épouse en allant se mettre à la disposition du mari. La *deductio in domum mariti* devenait alors nécessaire.

On rencontre, il est vrai, des textes qui parlent de la *deductio in domum*, alors même qu'il y avait présence de la femme; mais, dans ces textes, la *deductio* n'est pas regardée comme un élément nécessaire du mariage. La loi 66 pr. nous le dit formellement; il s'agissait de savoir, dans l'espèce, quel devait être le sort d'une donation faite par une femme à son futur époux. La donation avait eu lieu avant la *deductio in domum*, avant l'apposition des cachets sur les *tabulæ dotis*: fallait-il en conclure qu'elle était antérieure au mariage? Le jurisconsulte répond que l'on ne doit s'attacher ni à la *deductio* ni à la *signatio ta-*

bularum qui souvent n'intervenait qu'après le mariage; ce qu'il faut observer, dit-il, c'est l'instant où le mariage est contracté, ce qui se manifeste p · le consentement des parties. S'il y a eu jour convenu pour le mariage, il sera réputé contracté à partir de l'époque choisie par les futurs époux comme point de départ de l'union conjugale.

Toutefois, dans le § 1er de cette même loi, le jurisconsulte Scævola, dans une espèce à peu près identique, paraît supposer la nécessité de la *de.!uctio in domum.* Ce jurisconsulte n'est point en contradiction avec lui-même, et le texte dont nous parlons ne prouve point la nécessité de la tradition de la femme au mari. Il s'agit encore de la question de validité d'une donation; c'est une fiancée qui vient habiter dans une résidence faisant partie des domaines de son futur mari; elle ne vient pas habiter son domicile, mais une habitation séparée : *diæta.* Une donation lui est alors faite par son futur époux; tout est prêt pour le mariage : les parties consentent, et cependant il n'y a pas encore mariage. Est-ce donc qu'il faille encore quelque chose? est-ce la tradition de la femme qui est nécessaire pour la consommation du mariage? Non; s'il n'y a point encore mariage, malgré le consentement réciproque des parties, c'est qu'elles sont convenues de reculer à une époque ultérieure le point de départ de leur union. Sur la question qui lui était proposée, le jurisconsulte Scævola répond que, puisqu'il n'y a pas encore mariage, la donation est valable ; la raison qu'il en donne, c'est que, lorsque les parties sont convenues de recourir à l'observation de telles ou telles formalités, destinées à environner le fait du mariage d'une plus grande publicité, il n'y aura mariage qu'après la réalisation de ces formalités. La *deductio in domum*, dans l'espèce prévue par Scævola, était une formalité à laquelle les parties avaient entendu soumettre l'existence de leur mariage.

En résumé, toutes les fois que l'on reconnaîtra qu'il y a mariage, on dira qu'il y a prohibition de la faculté de se donner ; jusque-là, toute donation entre époux, directe ou indirecte, est valable. On ne peut dire, en effet, qu'elle soit le résultat de l'influence exercée par l'une des parties sur l'autre ; car les futurs époux jouissent encore de leur indépendance. La loi 12, *De jure dotium*, au Digeste, paraît cependant, à première vue, prohiber la donation entre fiancés. Dans le *principium* de cette loi, Ulpien examine les effets d'une appréciation mensongère donnée sciemment aux biens dotaux, en vue de faire une donation. Un tel avantage pouvait se produire de deux manières : si c'était le mari qui voulait avantager sa femme, il faisait donner aux biens dotaux une estimation au-dessus de sa valeur : il se trouvait ainsi débiteur envers la femme d'une somme qu'il n'avait point reçue; si c'était, au contraire, la femme qui voulait avantager son mari, les époux donnaient aux biens dotaux une estimation inférieure à leur véritable valeur ; le mari, lors de la restitution de la dot, ne restituait ainsi qu'une somme moindre. Ulpien suppose que cette estimation est tantôt postérieure, tantôt antérieure à la célébration du mariage. Au premier cas, la question ne présente aucune difficulté; la nullité de la donation est évidente, car la donation est postérieure au mariage; l'estimation qui a été faite ne recevra point son effet habituel, et les objets estimés continueront à faire partie de la dot; le mari est resté débiteur de corps certains. Au second cas, c'est-à-dire lorsque l'estimation est antérieure à la célébration du mariage, la question devient plus douteuse; tout porterait à croire, à première vue, que la libéralité est valable; car elle a lieu entre fiancés, et cependant, dit Ulpien : « Magis est ut in matrimonii tempus collata do- « natio videatur : atque ideo non valet. » (Loi 12, pr. *De jure dotium*, au Digeste.) La libéralité était donc, même en ce cas, considérée comme faite pendant le mariage; le motif qui dut guider Ulpien, c'est que, lorsqu'il y a eu estimation des biens dotaux avant le mariage, une telle estimation est conditionnelle, et ne devient une véritable vente que lorsqu'elle est suivie de la conclusion du mariage. L'estimation étant conditionnelle, la donation qui en résulte l'est également. Or, la condition qui la tient en suspens est précisément le mariage lui-même. On se trouve donc en face d'une libéralité faite à une époque où il y avait déjà mariage : la conséquence en est la nullité. Ulpien ne nous dit pas les motifs de sa décision; mais ceux que nous en donnons ne sont que la conséquence de l'opinion émise par ce jurisconsulte sur la nature de l'estimation faite avant le mariage. Il nous dit que la validité de cette estimation est subordonnée à la condition du mariage, et que ses effets sont reportés à cette époque. (Loi 10, § 4, *De jure dotium.*)

Reconnaissons, toutefois, qu'Ulpien, dans sa décision de la loi 12 du même titre, se montre plus conforme à la logique qu'à l'esprit de la loi, sur la prohibition des donations entre époux; en effet, le principal motif de cette prohibition était la crainte des abus d'influence entre époux ; or, dans l'espèce examinée par Ulpien, il n'y a pas encore mariage. Le motif de la prohibition n'existant pas encore, il n'y avait point de bonnes raisons pour défendre la donation résultant de l'estimation des biens plutôt que toute autre donation.

Ulpien, dans la loi 5 de notre titre, nous expose encore deux exemples de donation entre fiancés. Il s'agit, dans un cas comme dans l'autre, d'une donation faite par un futur à sa future; un tiers est interposé pour recevoir la donation, la différence des solutions données par le jurisconsulte tient à ce que, dans un cas, le mandat est donné par le donateur, dans l'autre, il est donné par le donataire.

Voici, au reste, quelle est l'espèce prévue par Ulpien : Un fiancé veut donner à sa fiancée, il livre à Titius l'objet de la donation, pour que celui-ci le lui fasse parvenir. Titius ne remet à qui de droit l'objet donné qu'après la célébration du mariage. Eh bien ! dit Ulpien, si le mandat a été donné par le mari, le donateur dans notre espèce, la donation est nulle ; car, tant que le mandat n'est pas exécuté, le donateur est censé retenir la donation, et si le donataire ne reçoit qu'après le mariage, il reçoit à une époque prohibée ; ce n'est plus une donation entre fiancés, mais bien une donation entre époux.

A l'inverse, si nous supposons, comme le fait Ulpien, que le mandat émane du donataire, nous dirons que la donation est parfaite dès que Titius reçoit le montant de la donation ; dès ce jour, tout se passe comme si le donataire avait reçu lui-même ; peu importe si Titius ne lui transmet la donation qu'après la célébration du mariage : la libéralité est réputée faite entre fiancés et, comme telle, elle est maintenue.

La différence entre ces deux hypothèses est palpable, elle résulte de la nature du mandat; lorsque le mandat émane du donateur, il n'y a pas donation tant que le donataire ne reçoit rien, car, jusque-là, le donateur reste maître de révoquer son mandat; lors, au contraire, que le mandat émane du donataire, la donation est parfaite dès que le mandataire en a reçu le montant, car, dès ce moment, le donateur s'est dessaisi irrévocablement. (Cette solution est certaine pour l'époque antérieure à Justinien, mais au VIe siècle, lorsque Justinien eut érigé la donation en contrat, la donation était parfaite dès qu'il y avait eu accord de volontés; elle restait valable, même si son exécution ne précédait pas le mariage. Il devenait, dès lors, inutile d'examiner si le mandat émanait ou non du donateur; peu importait si la remise de la donation avait eu lieu avant ou après la célébration du mariage, la libéralité était maintenue comme don entre fiancés.)

Effets de la puissance paternelle et de la puissance dominicale. — Il ne suffisait pas d'interdire les donations entre époux, il fallait aussi les prohiber à l'égard des personnes soumises à leur puissance. En effet, la puissance paternelle, à l'image de la *manus*, absorbait l'individualité des enfants; ceux-ci ne pouvaient rien avoir en propre, leurs intérêts pécuniaires étaient confondus avec ceux du *paterfamilias* : il n'y avait qu'un seul patrimoine. L'on conçoit dès lors qu'il eût été indifférent de donner à l'une ou l'autre des personnes soumises à sa puissance. Aussi la donation était-elle prohibée entre l'époux et chacune de ces personnes : Un mari ne pouvait, par exemple, donner au père de sa femme, si celle-ci était restée en sa puissance, ni, à l'inverse, une femme au père de son mari. Elle ne pouvait non plus donner aux enfants de son mari restés en puissance, soit qu'ils fussent communs, soit qu'ils fussent issus d'un premier lit. Ulpien nous donne des exemples de ces prohibitions. (Loi 3, *Don.*, § 2 à 9).

La puissance paternelle n'appartenait jamais à la mère ; le mari pouvait, par conséquent, donner aux enfants qu'elle avait eus d'un précédent mariage.

L'émancipation du fils de famille faisait sortir l'émancipé de la puissance paternelle ; dès lors, l'unité de patrimoine se trouvant dissoute, les donations faites par la femme à l'enfant commun étaient valables.

A l'époque de Justinien, l'unité de la famille a disparu en partie; il n'est plus exact de dire que ce que le fils acquiert est acquis au père. Celui-ci n'acquiert plus que l'usufruit sur les biens donnés, et encore faut-il qu'il ne s'agisse pas de biens rentrant dans les pécules castrans ou quasi-castrans; car alors le fils les conserve en pleine propriété. A cette époque, si l'on suppose une donation émanée de la femme envers le fils commun, la donation n'est annulée qu'à l'égard de l'usufruit, car ce n'est plus que l'usufruit que le père acquiert sur les biens *adventices*. Ainsi, au temps de Justinien, la prohibition des donations entre personnes unies par le lien de la puissance paternelle, ne se trouvait plus susceptible que d'une application très-restreinte. (Les pécules castrans et quasi-castrans existaient déjà à l'époque d'Ulpien ; quant au pécule adventice, il ne fut créé que sous Constantin.)

La puissance dominicale servait aussi, comme autrefois la puissance paternelle, à augmenter l'étendue de la prohibition des donations entre époux. Ce que l'esclave acquérait était acquis au maître : l'on conçoit, dès lors, comment l'un des époux ne pouvait donner aux esclaves de l'autre, sans donner par cela même à son époux.

Telles sont les extensions que comportait le principe de la prohibition des donations entre époux ; mais à quels caractères reconnaîtrons-nous une donation prohibée? Pour qu'il y ait donation prohibée, il faut que le résultat de l'opération soit un enrichissement pour l'un et un appauvrissement pour l'autre. N'y a-t-il qu'enrichissement du donataire, sans appauvrissement de celui qui donne, la donation est permise : « Ubi-« cumque non diminuit de facultatibus suis qui do-« navit valet donatio. » (Ulpien, l. 5, § 6.) Et à l'inverse y a-t-il eu appauvrissement du donateur sans aucun enrichissement pour le donataire, la donation est également valable : « Vel etiam si di-« minuat (de facultatibus is qui donavit) locuple-« tior tamen non fit qui accepit, donatio valet. »

M. de Savigny définit la donation prohibée, un acte entrevifs par lequel l'une des parties enrichit l'autre volontairement en s'appauvrissant elle-même.

La donation entre époux, pour être prohibée, doit donc : 1° être un acte entre vifs ; 2° contenir un enrichissement et un appauvrissement ; 3° être volontaire de la part de son auteur.

Donation par omission. — Omettre d'acquérir, n'était pas s'appauvrir d'après les idées subtiles des jurisconsultes romains ; la donation par omission restait donc permise entre époux : l'époux appelé à une hérédité ou à un legs, qui s'abstenait de l'hérédité *ab intestat*, ne faisait point adition, ou répudiait le legs pour en faire profiter sa femme lorsque cela était possible, ne s'appauvrissait pas, puisqu'il ne diminuait rien de son patrimoine. La donation était par conséquent valable : « Neque enim pauperior fit qui non adquirit, sed qui de patrimonio suo deposuit. » (Ulpien, l. 8, § 13. *De donat. inter*, etc.)

Une personne exécute intégralement un fidéicommis, elle en restitue le montant à son conjoint le bénéficiaire, sans faire la retenue de la quarte Pégasienne; ici encore il n'y a pas appauvrissement du patrimoine du donateur, il y a donation valable : « Nec de suo putant (plerique) « proficisci quod de alieno plenius restituunt « voluntatem defuncti secuti. » (Ulpien, loi 8, § 15, *nost. tit.*

Un mari donne à sa femme une chose qui ne lui appartenait pas; cette donation est pour elle une *justa causa usucapiendi* si elle est de bonne foi; elle pourra usucaper, car la donation est valable; ici encore, en effet, l'on ne peut dire qu'il y ait appauvrissement du mari, puisque la chose donnée ne lui appartenait pas (Terentius Clemens, loi 25, *nost. tit.*

Toutefois M. Machelard, dans son *Étude sur les donations entre époux*, propose, avec juste raison, de restreindre cette solution à l'hypothèse où l'époux donateur n'aurait pas été en position d'usucaper lui-même; en effet, d'après les idées romaines, le possesseur de bonne foi était à l'avance considéré comme propriétaire ; on lui concédait une revendication utile pour faire maintenir son droit : c'était la Publicienne. Un époux possesseur, de cette qualité, avait donc déjà tous les avantages de la propriété, et s'il aliénait, il faisait évidemment une donation prohibée, car il diminuait son patrimoine. Cette solution est parfaitement justifiée par la loi 3 *pro donato*, qui nous dit que la donation de la chose d'autrui n'est valable entre époux qu'autant qu'elle ne produit pas un appauvrissement du donateur; or, s'il y avait des cas où une telle donation appauvrissait le donateur, c'était évidemment lorsqu'il se trouvait en mesure d'usucaper lui-même. Enfin, dans notre titre même, nous avons un texte qui nous dit que la donation de la possession était une donation nulle entre époux; Ulpien songe évidemment au cas où l'époux donateur est en voie d'usucaper lui-même. (Loi 46, *nost. tit.*).

Cette solution ne laisse pas néanmoins d'être critiquable, comme le fait remarquer M. Machelard dans l'explication de ses textes sur les donations entre époux. En effet, de deux choses l'une: ou la femme savait que son mari n'était point le véritable propriétaire, et alors elle ne pouvait acquérir par usucapion, ou, au contraire, elle le croyait propriétaire, et alors, en recevant la donation, elle contrevenait à la prohibition des donations entre époux. « Dès lors, nous dit M. Ma-
« chelard, la femme était-elle digne qu'on lui
« sacrifiât les droits de l'ancien propriétaire pour
« l'investir d'une propriété à laquelle elle ne
« devait pas aspirer. »

Avant d'abandonner la loi 25, signalons une

difficulté que soulève ce texte, à cause de la double mention qui s'y trouve de la *mortis causa donatio*. Le jurisconsulte Terentius Clemens examine les effets de la donation de biens d'autrui ; il suppose successivement une donation entre vifs, puis une donation à cause de mort ; la femme pourra immédiatement commencer l'usucapion parce que, dans les deux cas, il s'agit de la chose d'autrui, et que le mari, de quelque façon qu'il donne, ne s'appauvrit pas. Tout se passera comme si la donation avait eu lieu envers une personne étrangère. Si Terentius Clemens rapproche la donation entre vifs de la donation à cause de mort, c'est pour nous montrer que dès qu'il n'y a pas appauvrissement, il n'y a plus lieu de s'occuper ni de la prohibition des donations entre vifs entre époux, ni de la caducité prononcée par la loi Julia et Pappia pour les dispositions de dernière volonté. Ce qui donne un grand poids à cette explication, c'est que le texte de Terentius Clemens est extrait de son commentaire sur la loi Julia et Pappia.

Il n'y avait pas donation non plus lorsqu'un époux, sachant quelqu'un disposé à lui faire un legs ou à l'instituer héritier, le priait de faire cette libéralité à son conjoint. Il n'y avait pas appauvrissement du donateur.

Nous allons exposer maintenant des hypothèses où la donation vaut parce qu'il n'y a pas enrichissement du donataire; car, ainsi que nous le dit Ulpien : « Eam demum donationem impediri so-« lere quæ et donantem pauperiorem et accipien-« tem facit locupletiorem. » (Loi 5, § 8, *nost. tit.*)

Toute donation, n'enrichissant pas le donataire, était permise. Ainsi était valable comme telle la donation faite au conjoint d'un lieu destiné à la sépulture; en effet, une pareille donation ne faisait rien entrer dans le patrimoine du donataire, car le terrain donné devenait *religiosus* : il était par conséquent mis hors du commerce. Le conjoint donataire eût peut-être, il est vrai, acheté lui-même un terrain, sans la donation qui lui a été faite; mais Ulpien ne s'arrête pas à cette considération : « Non tamen idcirco fit locupletior quod non expendit. » Cette donation était faite sous la condition que le terrain deviendrait religieux; par conséquent la propriété du terrain restait sur la tête du donateur jusqu'à la réalisation de la condition. Si le terrain donné ne devenait religieux que par l'inhumation du donataire lui-même, la donation n'ayant pu se réaliser du vivant du donataire, était frappée de caducité (loi 5, § 9, 10 et 11, *nost. tit.*); cependant, nous dit Ulpien, l'on admettait que le terrain était devenu religieux et, par conséquent, que la donation était valable; mais ce n'était que par faveur : « Favorabiliter tamen dicetur locum religiosum fieri. »

Étaient encore valables, comme n'enrichissant pas le donataire, les donations faites au conjoint pour être employées à des sacrifices religieux, *ad oblationem Dei*, ou dans un intérêt général *ad opus publicum* (Loi 5, § 12 de notre titre). De même, et pour le même motif, l'on maintenait les donations faites *honoris causa*; l'on appelait ainsi les donations que faisait la femme au mari, soit pour l'aider à supporter les charges de ses dignités, en offrant des jeux publics, soit pour lui donner les moyens d'être nommé sénateur ou chevalier (Gaïus, Loi 42, *loco citato*).

Même décision dans la loi 41; Ulpien, toutefois, y apporte un tempérament dans la loi 40; la donation ne pouvait valoir que dans la mesure de ce qui était nécessaire pour couvrir les frais occasionnés par la dignité conférée au mari : « Ea-« tenus ratum est quatenus dignitati supplendæ « opus est. » Si la femme pouvait manifester sa générosité envers son mari en lui faisant des donations *honoris causa*, le mari pouvait user de réciprocité en donnant à la femme de quoi se procurer des objets de luxe, par exemple, des parfums. (Loi 7, § 1, nost. tit.).

L'on permettait également la donation que faisait l'un des époux à l'autre pour opérer la reconstruction d'une maison incendiée. (Loi 14, id.) Cette décision ne peut s'expliquer que par suite de l'interprétation bienveillante avec laquelle était traitée la prohibition des donations entre époux. « Sane non amare nec tanquam « inter infestos jus prohibitæ donationis tractan- « dum est, sed ut inter conjunctos maximo affectu « et solam inopiam timentes. » (L. 28, § 2, id.)

La donation d'un esclave, à la condition qu'il serait affranchi, était également permise ; la qualité de patron ne procurait pas un enrichissement suffisant pour la faire prohiber : « Nemo enim « ex hac fit locupletior, ideoque servum manu- « mittendi causa invicem sibi donare non prohi- « bentur. » (Paul, *Sentences*, liv. II, tit. XXIII, § 2.) Lorsqu'un esclave était ainsi donné sous la condition d'être affranchi, cet esclave ne devenait la propriété du conjoint donataire qu'au moment de l'affranchissement. Le donataire devenait propriétaire en même temps que, par l'affranchissement, il devenait patron. La qualité de patron n'était pas regardée comme un avantage, alors même que des *operæ* avaient été imposées par le donataire, lors de l'affranchissement. (Loi 9, § 1, *de donat. inter virum et uxorem.*) Il en était autrement, toutefois, lorsque l'argent versé par l'esclave pour son affranchissement était pris sur son pécule.

Il n'y avait pas non plus donation prohibée dans la concession du simple usage des choses appartenant aux conjoints : « Si vir uxoris, aut « uxor viri, servis aut vestimentis usus vel usa

« fuerit, vel in ædibus ejus gratis habitaverit, « valet donatio. » Cette décision est également reproduite par le jurisconsulte Paul, à raison des *operæ* d'un esclave abandonnées par le mari à sa femme. (Loi 28, § 2, *Nost. tit.*)

L'usage même d'une somme d'argent payée par l'un des époux à l'autre, avant l'échéance du terme, n'était pas non plus un avantage suffisant pour tomber sous l'application de notre règle. (Loi 31, § 6, *Nost. tit.*) On considérait que celui qui faisait abandon des intérêts d'une somme d'argent ne s'appauvrissait pas réellement, puisqu'il conservait son capital : il se privait simplement de revenus qu'il eût peut-être dépensés *lautius vivendo*. Les jurisconsultes romains paraissent moins d'accord sur la question de savoir comment il fallait envisager la donation des fruits d'un immeuble. Ulpien, dans la loi 17, se conforme à l'avis de Julien sur cette question, et sans hésiter, il se prononce pour la validité d'une telle libéralité entre époux. Selon lui, il n'y a aucune différence à faire entre l'abandon des intérêts d'une somme d'argent et celui des revenus d'un immeuble. Marcellus est d'un avis contraire; il traite cette question à propos d'un fidéicommis : Une femme fait donation à son mari d'un immeuble, à la charge de le restituer, après sa mort, à son fils; le jurisconsulte se demande s'il faut voir une donation prohibée dans le fait de la perception des fruits par le mari; ou, au contraire, si l'on ne doit pas maintenir l'opération, en réservant pour la femme le *jus pœnitendi*. Il se prononce en disant que l'on devra examiner le but de l'opération; les époux ont-ils voulu déguiser une donation, la donation est valable : « Id est, si hoc egit uxor ut aliquid ex ea « re interim commodi sentiret maritus, nihil « valebit donatio; alioquin si solo mariti minis« terio usa est, et id egit ut res cum omni emo« lumento per patrem, postea ad filium transiret, « cur non idem perinde sit ratum ac si cum « extraneo tale negotium contraxisset. »

Il faut reconnaître que ces deux jurisconsultes étaient en opposition; Marcellus se montrait plus sévère que Paul, en ce qui concernait l'abandon des revenus entre époux. Un troisième jurisconsulte, Pomponius, proposait une distinction entre les fruits industriels et les fruits naturels; les premiers, seuls, pouvaient être conservés par le conjoint donataire : ils étaient l'œuvre de sa culture et de ses travaux ; les seconds, au contraire ne devaient point lui appartenir, parce que, disait Pomponius, *non ex facto ejus pomum nascitur*. (Loi 45, *De usuris*.) Ce texte est célèbre en ce qu'il a servi de point de départ à une opinion d'après laquelle le possesseur de bonne foi n'aurait droit qu'aux fruits industriels. Cette opinion compte encore, de nos jours, des partisans.) Il y avait donc, sur ce même point, une divergence d'opinions manifeste entre ces trois jurisconsultes; l'opinion de Paul est celle qui nous paraît encore la plus conforme à la règle de modération: *sane non amare*, etc. Nous approuvons l'assimilation que fait ce jurisconsulte entre les produits d'une somme d'argent et ceux d'un immeuble: ces produits sont, en effet, dans un cas comme dans l'autre, des revenus que le donateur eût probablement dépensés.

La même question se soulevait également à propos de la donation des revenus des biens dotaux: mais, alors, on s'accordait généralement à dire qu'il y avait prohibition complète. Deux textes, dont l'un se trouve au Digeste, l'autre au Code, paraîtraient nous faire supposer que cette disposition tenait à l'interdiction générale des donations entre époux. (Loi 28, *de pactis dotalibus*, liv. XXIII, tit. IV; et loi unique au Code, *Si dos constante matrimonio*, 5-19.) C'est, en effet, par ce motif, que l'on a longtemps expliqué la défense faite au mari de donner à la femme les fruits des biens dotaux Mais cette explication est insuffisante; car, alors, le même motif devait conduire à la prohibition complète des donations de revenus. Or, nous avons vu que Paul et Marcellus lui-même, ce dernier d'après une certaine distinction, admettaient la validité des donations de revenus de biens non dotaux. Il faut donc chercher une autre explication ; elle se tire de la destination elle-même des biens dotaux ; à Rome, comme de nos jours, la dot était destinée à subvenir aux charges du mariage, le mari ne pouvait se soustraire à ces charges ; il ne devait donc pas lui être permis de se priver des moyens de satisfaire à cette obligation. (*Sic* M. Pellat, sur la loi 73, § 1, *de jure dotium* (*Commentaire sur la dot*, p. 353 à 375.)

Remarquons en passant que si les revenus de la dot ne pouvaient pas être détournés de leur destination, il ne s'ensuivait pas que la dot eût un caractère d'immuabilité complet ; elle pouvait être constituée et même augmentée après le mariage, à la différence de ce qui a lieu dans notre législation (art. 1543 du Code civil).

Il paraissait juste aux jurisconsultes romains de dire que quand la fortune de la femme s'accroissait, quand elle recueillait des successions opulentes, elle dût subvenir plus largement aux dépenses de la vie commune. (Justinien, dans ses Instituts, § 3, *de Donationibus*) paraît attribuer cette innovation à l'empereur Justin; mais M. Machelard enseigne avec raison que l'innovation de Justin ne porte que sur la faculté de constituer après le mariage une donation *propter nuptias*. Cette sorte de donation était encore prohibée alors que l'augmentation de dot était déjà depuis longtemps formée : ce qui le prouve, c'est une paraphrase de Théophile qui attribue cette disposition aux *Veteres jurisconsulti*. Après Justin, et par suite de son innovation, la donation *propter nuptias* put avoir lieu entre époux. Si la femme augmentait sa dot, il était loisible au mari d'augmenter la *donatio propter nuptias*; il pouvait même lui en constituer une s'il ne l'avait pas fait lors du mariage. C'étaient là des apports mutuels qui devenaient des gains de survie, d'après le principe des donations à cause de mort. Ceci nous amène à parler d'une autre sorte de donation permise, la donation à cause de mort.

« Inter virum et uxorem mortis causa dona-« tiones receptæ sunt, » dit Ulpien, loi 9, § 2, et Gaïus nous en dit le motif dans la loi 10 : « Quia « in hoc tempus excurrit donationis eventus quo « vir et uxor esse desinunt. »

La donation à cause de mort ne présentait, en effet, aucun des inconvénients de la donation entre vifs; elle ne causait pas d'appauvrissement au donateur, puisqu'elle ne produirait d'effet définitif qu'après sa mort, et que jusque-là elle était révocable *ad nutum ;* le donateur avait ce que l'on appelait le *jus pœnitendi*.

Les effets de la donation à cause de mort entre époux n'étaient pas absolument identiques à ceux de la même donation entre étrangers. Ainsi, d'après le droit commun celui qui donnait à cause de mort pouvait le faire de deux manières. Il pouvait ou donner purement et simplement avec chance de révocation pour le cas de survie, ou donner sous condition suspensive, c'est-à-dire pour le cas seulement où il ne survivrait pas. Au premier cas la donation était dite sous condition résolutoire, c'était une *donatio pura quæ sub conditione resolvitur;* au second cas, c'était une donation sous condition suspensive et semblable en cela aux donations ordinaires affectées de cette modalité.

La condition faisant défaut dans la donation sous condition suspensive, le donateur restait propriétaire. S'agissait-il, au contraire, d'une donation sous condition résolutoire, le donateur n'avait plus qu'une *condictio* pour répéter la valeur de sa chose. Ulpien cependant, mais avec hésitation, proposait de donner, en pareil cas, une revendication utile au donateur. (Loi 29, *De mortis causa donationibus.*)

Ces deux formes de donation pouvaient également avoir lieu entre époux ; mais, hâtons-nous de le dire, les effets différaient lorsqu'il s'agissait d'une donation sous condition résolutoire ; ainsi, comme première différence, l'on peut remarquer que tandis qu'en droit commun le donateur à cause de mort, sous condition résolutoire, n'avait qu'une *condictio* pour réclamer le montant de la donation; l'époux donateur à cause de mort avait, au contraire, une *rei vindicatio.*

(Loi 51, § 2, *de Donationibus inter virum et uxorem.*)

Cette première différence tenait à ce qu'en droit romain l'on ne pouvait transporter la propriété *ad tempus* ni *ad conditionem*.

Signalons une autre différence non moins importante ; elle résulte de la loi XI pr. de notre titre. En droit commun, le donataire sous condition résolutoire devenait propriétaire *hic et nunc* des objets donnés ; au contraire, en matière de donations à cause de mort entre époux, le donataire ne devenait pas immédiatement propriétaire, mais seulement au décès du donataire. (Loi XI pr. *de Donat. inter virum et uxorem*). L'on donnait alors à la donation un effet rétroactif ; cette rétroactivité était fort utile à considérer ; car, si l'on suppose que l'objet de la donation était un corps susceptible d'accroissement, ou un esclave, les augmentations provenant *ex re*, ou les acquisitions faites par l'esclave appartenaient à l'époux donataire ; cette rétroactivité nous est attestée par Papinien : « *Si mortis causa donatio inter virum et uxorem facta sit, morte reducitur ad id tempus donatio quo interposita fuisset.* » (Loi 40, *De mortis causa don.* (39-6).

De là, les effets suivants : l'époux donataire acquérait les stipulations faites *in pendenti* par l'esclave donné ; il profitait des legs ou des hérédités survenus à l'esclave ; en cas d'aliénation de la chose donnée, l'effet en était subordonné à la validité de la donation elle-même. (Loi 20, *de Donationibus inter virum et uxorem*, L. II, § 9, Cod. tit.)

La rétroactivité de la donation à cause de mort était basée sur la présomption de volonté du disposant ; elle avait lieu surtout quand le donateur avait opéré la tradition avant son décès ; s'il n'y avait eu que simple promesse, il fallait d'autres indices de sa volonté; mais, dans tous les cas, la rétroactivité était rejetée si elle devait nuire aux époux ; l'on n'admettait pas alors qu'elle eût été dans leur intention.

C'est ce qui nous explique pourquoi nous trouvons des textes où la rétroactivité n'a pas lieu. Ulpien, dans la loi 11, § 2, s'exprime ainsi à ce sujet : « *Quando itaque non retroagatur donatio emergunt vitia* ; » il se produit des anomalies ; ces anomalies consistent en ce qu'au lieu d'obéir à la règle générale, qui est de considérer le moment de la stipulation pour en attribuer le bénéfice à qui de droit, l'on ne considère que le moment du décès du disposant. Ulpien nous cite des exemples où l'on rejetait le principe de la rétroactivité : un mari veut faire à sa femme une donation à cause de mort ; cette femme interpose le *filiusfamilias ;* celui-ci fait à sa mère la tradition de la donation, après quoi survient le décès du *paterfamilias* ; le fils devient *sui juris*.

Avec la rétroactivité, l'on eût abouti à la nullité de la donation ; car, l'on eût été ramené à une époque où la personne interposée, étant encore *filius familias*, n'avait pu acquérir pour elle-même, ni, par conséquent, transmettre à la femme ; le bénéfice de la donation fût revenu au *paterfamilias* lui-même, c'est-à-dire au donateur ; Ulpien décide que l'on rejetera la rétroactivité et que l'on maintiendra la donation faite à la femme, comme si la tradition n'avait eu lieu qu'au décès du mari donateur. (Loi 11, § 2, *De donat. inter virum et uxorem.*)

Autre exemple : Un mari fait une tradition *donationis causa* à sa femme encore *filiafamilias;* elle devient *sui juris* avant la mort de son mari; avec la rétroactivité, le bénéfice de la donation eût appartenu au *paterfamilias*; sans la rétroactivité, la femme conserve la donation, parce qu'elle se trouve *sui juris* au décès de son mari. Même solution pour l'hypothèse inverse, c'est-à-dire au cas où c'est la femme qui donne à son mari, fils de famille. Ulpien passe ensuite à des exemples où l'on rejette encore le principe de la rétroactivité ; mais comme jusqu'alors il a supposé des personnes se trouvant en puissance au moment de la donation, il expose dans le § 5 une hypothèse inverse où une personne *sui juris* est devenue *alieni juris* au moment du décès du donateur.

C'est un mari qui reçoit de sa femme une donation à cause de mort, il est *pater familias* au moment de la donation, puis se trouve être *filiusfamilias* au décès du disposant; il n'y aura pas rétroactivité, la donation appartiendra au père de famille.

L'époux donataire interpose un esclave pour recevoir, et lui transmettre une donation à cause de mort, l'esclave devient libre : l'acquisition sera pour l'époux; avec la rétroactivité, la donation eût appartenu au patron de l'esclave, son ancien maître (Loi 11, § 3, 4, 5, 6, *loco citato*).

Donations à cause de divorce. — Une cause fréquente de donations entre époux était le divorce; la donation *divortii causa* était permise. Mais nous ferons ici la même observation que pour la donation à cause de mort; permettre la donation *divortii causa*, ce n'était pasaller contre la prohibition des donations entre époux, puisque cette donation ne devait produire son effet qu'à une époque où il n'y avait plus mariage. (Loi 11, § 11, *De don. inter vir. et ux.*) On ne la validait toutefois qu'à la condition d'être faite en vue d'une cause déterminée et imminente de divorce, et non d'une cause éventuelle. Si le divorce ne se produisait pas elle, était réputée caduque.

On peut se demander comment était possible

une donation *divortii causa*, puisque précisément le divorce était une cause révocatoire de toute libéralité antérieure. Cette révocation était fondée sur l'intention présumée du donateur; il y avait à Rome deux sortes de divorce :

1° Le divorce qui avait lieu *cum ira animi* : c'était celui qui avait lieu lorsqu'une cause irritante de divorce s'était produite; celui-là révoquait toujours les donations antérieures.

2° Le divorce appelé *bona gratia*, qui ne résultait d'aucune cause offensante envers l'un des époux; celui-là comportait une donation de l'un des époux envers l'autre.

Les causes du divorce *bona gratia* pouvaient être, soit l'engagement dans les ordres sacrés, soit la stérilité de la femme, soit la vieillesse, la mauvaise santé, ou enfin la carrière militaire que voulait suivre le mari (60, § 1 et 61, *nost. tit.*).

Lorsque le divorce avait lieu pour une de ces causes, il était d'usage que l'époux qui demandait le divorce fît à l'autre une donation; c'était en quelque sorte une libéralité destinée à compenser ce que la séparation pouvait avoir de pénible pour l'autre époux; en même temps elle servait à témoigner que les époux avaient vécu en bonne intelligence, et que le divorce qui intervenait ne retirait rien à l'estime qu'ils avaient l'un pour l'autre. Ces donations devaient être faites au moment même du divorce et non à l'avance, dans la prévision d'un divorce futur : « Julianus scripsit, si divortii causa facta « sit donatio, valere, quæ tamen sub ipso di« vortii tempore, non quæ ex cogitatione quan« doque futuri divortii fiat. »

Une fois le divorce prononcé, les anciens époux pouvaient se faire des libéralités comme s'ils eussent toujours été étrangers l'un à l'autre; ils recouvraient leur pleine capacité. Mais une fraude était à craindre : des époux auraient pu simuler un divorce, se faire la donation qu'ils préméditaient, puis se remarier ensemble. Pour éviter toute surprise à cet égard, il n'y avait de divorce valable que lorsqu'il était accompagné de toutes les formes voulues : il devait être *legitimum ;* c'est ce que nous dit Ulpien dans la loi 35 : « Si non secundum observationem divor« tium factum sit, donationes post tale divortium « factæ nullius momenti sunt. »

Le divorce devait avoir lieu en présence de sept témoins, citoyens romains et pubères (Paul, loi 9, *de divortiis*). Mais en supposant même l'observation de ces formes, un divorce pouvait n'être qu'une séparation simulée; aussi se livrait-on à une certaine appréciation à cet égard. Point de doute possible lorsque l'un des époux avait contracté un nouveau mariage; point de doute non plus lorsque deux anciens époux s'étant de nouveau réunis, leur mariage n'avait eu lieu qu'après un assez long espace de temps (Javolenus, loi 64, *nost. tit.*). Dans tous les cas, c'étaient là des questions soumises à l'appréciation du juge.

Donations pour cause d'exil.

Une autre sorte de donation entre époux, permise par la législation romaine, était la donation pour cause d'exil; la déportation avait pour effet de priver le condamné de sa qualité de citoyen romain; la cité romaine lui était interdite; il devenait *peregrinus*, et son mariage était rompu au point de vue du droit civil; mais il subsistait encore au point de vue du *jus gentium*.

La condamnation à la déportation était, il est vrai, une cause péremptoire de divorce, mais elle devait être demandée; jusque-là l'on disait que le mariage subsistait encore.

Le déporté devenait incapable de tout acte appartenant au *jus civile*, mais en sa qualité de *peregrinus* il avait droit au *jus gentium* et pouvait dès lors acquérir en vertu d'une donation.

La peine de la déportation emportait la confiscation des biens du condamné; il faut donc de toute nécessité supposer que c'était l'époux innocent qui était donateur; le condamné ne pouvait faire de donations puisque le fisc lui avait tout en levé. Cependant beaucoup de commentateurs, notamment Pothier, ont prétendu que la donation n'émanait que de la part de l'époux condamné.

Selon ces commentateurs, l'on ne doit voir là qu'une récompense méritée par l'abnégation de l'époux innocent. M. Machelard combat cette opinion avec juste raison. Comment admettre, en effet, que le fisc romain se fût departi de ses droits sur les biens confisqués pour maintenir une donation faite par l'époux coupable à l'époux innocent. S'il en eût été ainsi, la confiscation n'eût pas tardé à tomber en désuétude; car un époux condamné à la déportation n'eût jamais hésité à donner ses biens à un conjoint plutôt que de se les voir enlever par le fisc.

Donations rémunératoires.

Les jurisconsultes romains n'étaient pas d'accord sur les caractères de cette sorte de donation; c'était une question controversée que de savoir si les donations rémunératoires devaient ou non suivre les règles ordinaires des donations; l'on se demandait s'il fallait leur appliquer les restrictions établies par la loi Cincia, si elles étaient soumises à la formalité de l'insinuation; enfin si elles étaient prohibées entre époux. La controverse existe encore de nos jours sur ce point parmi les commentateurs modernes. M. de Savigny est d'avis que cette donation devait être traitée comme une donation ordinaire, et par conséquent soumise aux restrictions de la loi Cincia, ainsi qu'aux formalités de l'insinuation, enfin être prohibée entre époux. (Nous rappelons que, selon l'opinion communément reçue. les époux étaient du nombre des personnes exceptées par la loi Cincia,et que la prohibition des donations entre époux, fût d'une introduction postérieure à cette loi). Le motif de la décision du savant romaniste, c'est que le mariage n'étant qu'un échange continuel d'amour et de fidélité, toute donation pourrait s'appeler rémunératoire, et la prohibition serait éludée. L'argument de M. de Savigny est trop subtil, pour être vrai; nous ne chercherons pas à le retourner contre lui en disant comme certains auteurs,que, puisque le mariage est un échange continuel d'amour et de fidélité, il ne saurait être question de donation rémunératoire entre époux; car alors si l'on vient à en nier l'existence, l'on arrive nécessairement à la déclarer prohibée comme le fait M. de Savigny ; nous disons seulement que, bien que le mariage fasse naître des obligations d'amour et de fidélité entre les deux époux, il n'en est pas moins vrai que ces obligations sont susceptibles de plus ou de moins, et comme telles qu'elles ne sont pas exclusives d'une récompense. Nous croyons donc fermement que la donation rémunératoire était possible entre époux, et que sa nature la faisait échapper aux règles ordinaires des donations. Un texte de Paul au titre des donations nous confirme dans cette opinion. « Si quis aliquem a latrunculis vel « hostibus eripuit et aliquid ab eo ipso accipiat, « hæc donatio irrevocabilis est ; non merces « eximii laboris appellanda est ; quod contempla- « tione salutis certo modo æstimari non placuit. »

Ce texte nous dit que la donation rémunératoire ne pouvait être taxée comme un travail mercenaire, et qu'elle était irrévocable ; la pensée de Paul est donc que la donation rémunératoire est une donation d'une nature particulière qui la rend irrévocable aussi bien au point de vue de la loi Cincia qu'au point de vue de la disposition prohibitive des donations entre époux.

Certaines donations présentaient un caractère mixte ; elles étaient partie à titre onéreux, partie à titre gratuit ; en pareil cas, l'on scindait ce qu'il y avait de gratuit pour ne maintenir l'opération qu'au point de vue onéreux ; dans le doute on se prononçait en faveur du maintien de la donation : « Quod si in obscuro sit proclivior esse « debet judex ad comprobandam donationem. »

Effets de la prohibition.

Après avoir examiné l'origine et les causes de

la prohibition des donations entre époux, nous avons exposé les principaux caractères auxquels pouvait se reconnaître une donation, nous avons vu ensuite que la règle prohibitive des donations entre époux, quoique rigoureusement appliquée, n'en souffrait pas moins des exceptions; il nous reste maintenant à déterminer avec soin quels étaient les effets de cette prohibition.

La sanction de la prohibition des donations entre époux était aussi énergique que possible; tout ce qui avait été fait en contravention à cette disposition était frappé d'une nullité radicale. Aussi Ulpien nous dit-il : « Sciendum est, ita « interdictam inter virum et uxorem donationem « ut ipso jure nihil valeat quod actum est. » (L. 3, § 9 de notre titre.) La nullité avait lieu de plein droit sans que le donateur eût besoin de la demander, ni par voie d'action, ni par voie d'exception. Il y avait lieu à répétition de la chose donnée, mais l'action accordée au donateur variait selon les diverses modalités revêtues par la donation. Une donation peut, en effet, se présenter, soit sous la forme d'un transport de propriété, soit sous la forme d'une promesse, soit encore sous la forme d'une libération; en un mot, elle pouvait avoir lieu : « Vel dando, vel « obligando, vel liberando. »

1° Elle pouvait avoir lieu *dando*. Cela se présentait lorsque la donation ayant pour objet un corps certain avait été suivie de la tradition. Cette tradition n'opérait aucun transport de propriété à cause de notre règle prohibitive.

Le donateur restant propriétaire, l'époux donataire n'acquérait qu'une possession naturelle, incapable de mener à l'acquisition de la propriété. Cependant cette possession n'était pas dénuée de tout effet : elle procurait au donataire le droit de conserver les fruits produits par la chose, sauf controverse en ce qui concernait les fruits naturels. Cette possession était protégée par des interdits, l'on disait du donataire qu'il avait la possession *ad interdicta tantum*; il possédait *pro possessore et non pro donato*. (L. 13, § 1, *de hered. petitione*. Lorsque Ulpien nous dit dans la loi 46 de notre titre que la donation même de la possession était prohibée entre époux, il fait allusion à la possession civile, celle qui peut mener à l'usucapion. La tradition ne produisait aucun effet quant à l'acquisition de la propriété : l'époux donateur pouvait revendiquer ce qu'il avait livré; il reprenait sa chose dans l'état où elle se trouvait, soit qu'elle eût subi des détériorations, soit qu'elle eût été, au contraire, augmentée par des constructions ou autrement (L. 28, *de don. inter vir. et ux.*) Une femme a reçu de son mari un terrain ; sur ce terrain elle construit une maison, cette maison appartiendra au mari en vertu du principe *superficies solo cedit ;* mais la femme avait le droit de se faire tenir compte de ses dépenses; la femme était considérée comme étant de bonne foi, car bien qu'elle n'eût pas dû ignorer le droit de son mari, elle avait du moins construit avec l'assentiment du propriétaire. Lorsque la donation était d'un objet certain et que cette donation avait été suivie de tradition, il y avait lieu à la revendication; mais il pouvait arriver que le revendiquant consentît à recevoir le prix au lieu de la chose : il y avait alors une sorte de vente; le revendiquant fixait l'estimation et stipulait la *cautio duplæ* pour le cas d'éviction. Entre époux la caution au simple était seule exigible; cela tenait à cette idée que si l'on ne voulait pas qu'il y eût enrichissement du donataire, l'on ne voulait pas non plus que le donateur pût, en quelque circonstance que ce fût, tirer un lucre de l'opération.

On se demandait si le donateur pouvait revendiquer les matériaux qu'il avait livrés à l'époux donataire. (Loi 63 *nost. tit.*) Le principe de la loi des Douze Tables s'y opposait : *ne urbs ruinis deformetur*. Mais ce principe était-il applicable entre époux? Cette question avait donné lieu à quelques divergences entre les jurisconsultes romains. Nératius pensait que l'époux donateur pouvait agir en revendication, et faire détacher les matériaux par l'action *ad exhibendum* Sa raison de décider, c'était que les décemvirs, en défendant la revendication des matériaux employés dans une construction, n'avaient pas songé au cas où il se serait agi de matériaux donnés par le propriétaire. Le jurisconsulte Paul n'admettait pas l'opinion de Neratius : il disait que la revendication des matériaux était impossible tant que la maison restait en construction. Il reconnaissait que la loi des Douze Tables n'avait point prévu l'espèce, et refusait au donateur l'action *de tigno juncto*; car l'on ne pouvait dire qu'il y avait eu vol; mais il n'accordait pas davantage l'action *ad exhibendum*, par cette raison que, puisque les matériaux ne pouvaient être revendiqués, même en cas de vol, *à fortiori*, ne pouvaient-ils l'être lorsqu'ils avaient été employés au su du propriétaire. Paul ne nous dit pas quelle action il accordait au donateur; mais, selon toute probabilité, il eût accordé la *condictio*.

Si les matériaux pouvaient se détacher facilement, la revendication devenait possible, car le principe de la loi des Douze Tables n'était plus en jeu. (Loi 45 *nost. tit.*)

Sauf le cas de perte fortuite ou de consommation sans enrichissement, le donateur pouvait intenter la *condictio*. La première condition de l'existence de cette action était qu'il y eût enrichissement du donataire; point d'action dans le cas contraire.

Parmi les cas donnant lieu le plus fréquemment à l'application de la *condictio*, se trouvait celui où il y avait eu donation de somme d'argent. La revendication était, en effet, impossible, dès que les espèces données s'étaient confondues avec celles du donataire. Si le donataire avait fait emploi de l'argent donné, en faisant diverses acquisitions, la *condictio* était donnée dans la mesure de la valeur de ces objets ; mais il fallait, pour cela qu'il fût bien établi que les objets achetés provenaient de l'argent donné. Le doute s'interprétait en faveur du donateur, en ce sens que l'on présumait que l'objet acquis provenait de la donation. Cette présomption était surtout établie lorsque c'était la femme qui était donataire de son mari; on présumait, en cas de doute sur l'origine d'un bien, que ce bien provenait d'une libéralité de son mari. Le donataire pouvait combattre cette présomption par tous les moyens de preuve possibles; s'il réussissait à prouver qu'il n'était pas devenu *locupletior*, ou que l'enrichissement était inférieur au montant de la donation, le donateur perdait tout ou partie de ce qu'il avait donné. (Loi 7, § 3; loi 28, § 3 et 4; loi 9, au Code, *de donationibus inter virum et uxorem.*)

En cas d'insolvabilité du donataire survenue après l'aliénation des objets donnés, le donateur ne restait pas encore sans arme : on lui accordait une revendication utile contre les tiers détenteurs. (Loi 55 de notre titre.)

En cas d'acquisition, partie avec l'argent donné, partie avec un supplément de prix, la diminution de valeur survenue postérieurement à l'acquisition était supportée par les époux, en proportion de l'argent fourni par chacun d'eux; (Loi 7, § 4 de notre titre). Mais remarquons que si l'argent donné avait servi à payer une acquisition antérieure, le donataire avait réalisé un bénéfice certain : sa libération ; la chose restait alors aux risques et périls du donataire. (Loi 7, § 7; loi 50, pr. de notre titre).

Le donataire ne devait pas s'enrichir; mais de son côté, le donateur n'avait droit qu'à ce dont il s'était appauvri; d'où la conséquence que si la chose provenant de l'argent donné avait augmenté de valeur, la *condictio* n'était donnée que jusquà concurrence du montant de la donation. (Loi 27, § 3, pr. de notre titre.)

L'enrichissement se mesurait, non pas seulement à la valeur intrinsèque de l'objet acquis des deniers donnés, mais encore à la valeur des produits résultant de cet objet. C'est un esclave, par exemple, qui a été acquis; on comprendra, dans l'estimation de cet esclave, les legs, les hérédités qui lui sont advenus.

Pour apprécier l'enrichissement du donataire, on se plaçait à l'époque de la *litis contestatio* : « Verum est litis contestatæ tempus spectari « oportere idque imperator noster cum patre

« rescripsit. » C'est ainsi que s'exprimait, sur ce point, un rescrit de Septime-Sévère et de Caracalla. (Loi 7, pr. *nost. tit.*)

En résumé, l'époux donateur, qui avait fait tradition de la chose, avait, selon les cas, soit une revendication directe, soit une revendication utile, soit une *condictio sine causa;* le mari pouvait même user d'un quatrième moyen, la rétention de tout ou partie de la dot, *propter res donatas;* il s'opérait alors une compensation qui tenait lieu de la *condictio.*

Donation mutuelle. Il n'y avait pas lieu à répétition en cas de donation mutuelle entre époux ; peu importait même, en ce cas, si l'un des époux avait dissipé sans profit la somme qu'il avait reçue. Cette cause de compensation se faisait valoir au moyen de l'exception de dol (Loi 8 pr. *De doli mali except.*).

Donations par promesse et acceptilation.

« Ipso jure nihil valet quod actum est ; » la promesse était nulle, l'époux promettant n'était pas obligé, et s'il était actionné en exécution de sa promesse, il se défendait *ipso jure*, c'est-à-dire sans avoir besoin d'une exception.

Y avait-il eu acceptilation faite par l'un des époux à l'autre : cette acceptilation était nulle et de nul effet, l'époux en faveur de qui elle avait eu lieu restait débiteur.

Quid, si l'un des époux était un débiteur *correus promittendi*? Une distinction était nécessaire. L'acceptilation avait-elle lieu en faveur de l'époux *correus*, elle était nulle, même à l'égard des autres *correi*; si elle était faite à l'un des *correi* autre que l'époux, l'opération profitait à tous, à l'exception de l'époux (Loi 5, § 1er, *nost. tit.*). Cette solution était conforme à la prohibition des donations entre époux, mais c'était une dérogation aux principes établis en matière d'acceptilation ; en effet, l'acceptilation était un *actus legitimus*, c'est-à-dire un acte qui ne se prêtait à aucune modalité ; l'acceptilation était nulle ou valable pour le tout. Pour concilier les règles générales du droit en cette matière avec la prohibition des donations entre époux, Voët nous dit que, dans le cas où l'acceptilation ne produisait que des effets partiels, elle se convertissait en un pacte *de non petendo*.

Donations indirectes.

Nous étudierons successivement sous cette rubrique l'effet de la prohibition : 1° sur les donations par omission ; 2° sur les donations déguisées ; 3° sur les donations par personnes interposées.

1° *Donations par omission.*

Un moyen facile, pour un époux, d'avantager son conjoint c'était de s'abstenir de l'exercice d'un droit légitime et certain; ainsi un époux laissait usucaper son bien par son conjoint en négligeant d'interrompre l'usucapion (Loi 44, § 1er, *nost. tit.*), ou bien il laissait éteindre, par le non usage, une servitude qu'il avait sur le fonds de son conjoint, ou encore il laissait triompher son conjoint en se laissant opposer une exception mal fondée (Loi 5, § 6 et 7).

C'étaient là autant de donations prohibées; l'époux donateur avait alors, selon les cas, soit la revendication, soit la *condictio sine causa*.

Revenons au cas où l'un des deux époux a laissé usucaper son fonds par l'autre époux. Quatre hypothèses sont possibles.

Première hypothèse : La femme a reçu un fonds des mains d'un tiers; elle est de bonne foi, et le mari lui-même ignore que c'est lui le véritable propriétaire; en pareil cas, l'usucapion s'accomplira sans difficulté; il n'y a pas eu volonté de la part du mari de s'appauvrir, il n'y a pas eu de sa part omission volontaire d'agir en revendication; en un mot, il n'y a pas donation, dès lors point de règle prohibitive.

Deuxième hypothèse. — La femme et le mari

sont de bonne foi à l'origine; la femme est en voie d'usucaper, puis le mari apprend que c'est lui le véritable propriétaire; sa femme découvre également la vérité. Le mari pourrait revendiquer, mais il préfère ne pas agir; il se produit alors un empêchement à l'usucapion de la femme : *Interrumpetur possessio,* et voici le motif, *quia transiit in causam ab eo factæ donationis.* Si la femme continue à posséder, ce sera en raison de la donation que lui a faite le mari ; c'est-à-dire à un titre qui ne peut constituer pour elle une juste cause d'acquisition; les époux sont devenus de mauvaise foi; le mari est censé avoir repris possession de sa chose pour la restituer ensuite à sa femme. Cette explication nécessite une ponctuation différente de celle que nous présente notre texte. Nous avons interprété ce passage de la loi 44, comme s'il y eût eu un point après donations. Les mots *ipsius mulieris scientia* commenceraient une nouvelle phrase; cette ponctuation est contraire, il est vrai, à la leçon commune des manuscrits des Pandectes, mais elle donne un sens parfaitement conforme aux règles générales de la matière sur la prohibition des donations; de plus, elle a l'avantage de ne pas mettre le jurisconsulte Nératius en contradiction avec lui-même; ce sont là deux écueils auxquels viennent échouer les diverses interprétations qui furent données sur ce texte; en effet, si l'on conserve le texte dans sa teneur, sans en modifier la ponctuation, on fait dire à Neratius que l'usucapion va continuer, et cela après avoir dit que l'usucapion était interrompue. Il n'est pas croyable que ce jurisconsulte ait pu, à ce point, perdre de vue sa première idée.

Pour éviter cette contradiction, Pothier, dans ses *Pandectes*, place un point d'interrogation après les mots *mulieris scientia ;* de sorte que Neratius n'aurait fait qu'émettre un doute et formuler une objection en disant que la possession de la femme avait été interrompue; il se prononcerait ensuite en faveur de l'*usucapion*. Cette explication évite la contradiction que nous avons signalée ci-dessus, mais elle n'est pas en harmonie avec les décisions qui nous sont présentées sur la prohibition des donations entre époux ; nous rencontrons, en effet, dans l'espèce qui nous est présentée, tous les éléments de la donation : il y a volonté de la part du mari de s'appauvrir, et volonté de la part de la femme d'acquérir ; la conséquence doit en être la prohibition ; aussi, nous nous en tenons à la première explication que nous avons donnée ci-dessus. Ce système fut présenté par M. de Savigny dans son *Traité de droit romain ;* il fut ensuite adopté par la plupart des commentateurs du Digeste.

3° *hypothèse*. — La femme seule apprend que

son mari est propriétaire ; le jurisconsulte Nératius nous dit alors que la *mulieris scientia* n'empêchera pas l'usucapion ; et il nous en donne le motif : « Non enim omnimodo uxores ex bonis « virorum, sed ex causa donationis ab ipsis factæ « adquirere prohibitæ sunt. »

Cette solution est conforme, du reste, à la théorie générale en matière d'usucapion ; la *mala fides superveniens* n'empêche point d'usucaper : il suffit d'être de bonne foi à l'origine de la possession.

4° *hypothèse*. — Le mari, seul, découvre que c'est lui-même le véritable propriétaire.

Cette hypothèse n'est point prévue par Nératius. Examinons-la néanmoins :

Il est certain tout d'abord que l'usucapion ne sera pas interrompue, car la femme possède avec juste titre et bonne foi. Mais y aura-t-il donation dans le fait de l'abstention du mari, et lui accordera-t-on une action pour répéter la valeur de la chose donnée ; en cas d'affirmative, l'action qui pourrait lui être accordée ne saurait être la revendication, car le mari a cessé d'être propriétaire. L'on peut raisonner, par analogie, de ce que nous dit la loi 5 § 6 précitée, et accorder au mari une *condictio*. C'est ainsi que le décident la plupart des commentateurs modernes.

M. de Savigny, néanmoins, soutient que, dans notre espèce, il n'y a plus les éléments d'une donation ; l'abstention du mari ne peut, selon le savant romaniste, constituer une donation, et, par conséquent, dit-il, la femme ne saurait être soumise à aucune action de la part de son mari ; il rejette l'analogie que nous avions établie entre notre espèce et celle que prévoit la loi 5, § 6. Voici, au reste, comment il traite cette question :

« La différence essentielle consiste en ce que « le défaut d'agir est la cause unique et néces- « saire de la perte de la servitude, et nullement « de la perte de la propriété dans le cas d'usuca- « pion. En effet, la servitude est immanquable- « ment éteinte par le défaut d'exercice, lors « même que le propriétaire ne serait pas en pos- « session de la chose, comme aussi la servitude « subsiste si elle est une seule fois exercée. L'usu- « capion, au contraire, peut être arrêtée indé- « pendamment du défaut d'agir, si, par exemple, « la femme se trouve accidentellement dépossé- « dée. D'un autre côté, les diligences du mari ne « suffisent pas pour écarter certainement la « perte de la propriété ; ainsi, tout en revendi- « quant, il peut perdre son procès, soit par le « défaut de preuves, soit par l'erreur ou la pré- « varication du juge. L'inaction du mari n'est « donc pas, comme le non-usage de la servitude, « l'abandon direct d'un droit sur des biens et, « par conséquent, elle ne peut motiver une « *condictio*. »

Le motif principal qui paraît avoir entraîné M. de Savigny dans sa décision, c'est qu'à l'inaction du mari se joint la possession de la femme. Celle-ci se trouverait alors dans une position plus favorable que lorsqu'il s'agit d'une servitude, car, dans ce dernier cas, il n'y a qu'une abstention de la part du mari ; la possession de la femme n'est nullement nécessaire pour faire perdre le droit du mari ; les servitudes s'éteignent, en effet, par le non-usage. M. de Savigny nous dit que l'issue du procès sera douteuse et que le mari peut succomber ; il ajoute que la femme aurait pu être dépossédée accidentellement et échapper ainsi à l'action du mari. Ces deux derniers motifs donnés par M. de Savigny à l'appui de son opinion ne sont que des allégations ; quant au premier, il est tiré de la différence entre la perte de la propriété et la perte d'une servitude ; il y a une différence, certes, mais il y a loin de là à conclure qu'il y aura donation dans un cas et non dans l'autre. Pour nous, nous ne voyons pas pourquoi l'on traiterait différemment le cas où le mari s'abstient d'interrompre l'usucapion d'une servitude pour en gratifier sa femme, et le cas où il néglige d'agir en revendication. C'est dans ce sens que se serait prononcé le jurisconsulte Paul, s'il eût prévu la question ; il nous dit que, par cela seul que l'on tolère une usucapion, l'on doit être réputé aliéner : « Alienationis verbum etiam

« usucapionem continet ; vix enim est cur non « videatur alienare qui patitur usucapi.» (Loi 28, *de Verb. signif.*)

§ II. *Donations déguisées.*

A Rome la vente entre époux était permise lorsqu'elle était sérieuse : « Venditionem inter « virum et uxorem bona fide gestam non retrac- « tari placuit. » Ce point avait été reconnu par un rescrit émané des empereurs Septime Sévère et Caracalla. » (L. 7, § 6, *nost. tit.*) Que si, au contraire, elle ne servait qu'à déguiser une libéralité, elle était nulle. L'échange, la renonciation aux vices cachés de la chose achetée étaient encore des moyens de s'avantager indirectement, ces conventions étaient nulles jusqu'à concurrence de ce qu'elles contenaient d'avantageux pour l'un des époux. L'estimation donnée à la dot pouvait encore cacher un avantage indirect, un rescrit de Sévère et Antonin avait prévu ce cas; l'on permettait alors au mari de faire une restitution en nature des biens dotaux. (L. 5, § 5, *nost. tit.*)

Les nullités dont nous venons de parler n'étaient que partielles lorsque les opérations auxquelles elles se rattachaient étaient réelles pour partie. Cependant Ulpien assimile la vente *viliore pretio* à une vente inexistante; elle était nulle pour le tout entre époux, bien que valable lorsqu'elle avait lieu entre personnes étrangères. (L'action en rescision pour lésion d'outre-moitié ne date que des empereurs Dioclétien et Maximien.) Ce n'est pas à dire toutefois que la vente n'était valable entre époux qu'autant que le prix était de la valeur même de l'objet vendu ; il suffisait que les parties n'aient pas voulu déguiser une donation. Cette opinion était la plus généralement admise par les jurisconsultes romains; ils maintenaient la vente, mais accordaient la *condictio* jusqu'à concurrence de l'enrichissement : « Remissionem vero hactenus non valere quatenus uxor facta est locupletior. » (L. 5, § 5, *nost. tit.*)

Le contrat de société était encore un moyen de déguiser des libéralités entre époux; les libéralités qui en résultaient étaient nulles jusqu'à concurrence de l'avantage qui en résultait.

§ III. *Donations par personnes interposées.*

Il n'y avait pas à Rome de personnes présumées interposées, l'interposition devait être prouvée. La donation était, il est vrai, défendue à l'égard d'un certain nombre de personnes, mais ce'a tenait à cette étroite solidarité de la famille romaine dont les membres relevaient d'un même chef, le *paterfamilias* ; lorsque la puissance paternelle se trouvait dissoute, les incapacités s'éteignaient avec elle.

Il y avait interposition, lorsque le mari, dans le but de gratifier sa femme, ordonnait à son débiteur de payer entre ses mains. (L. 3, § 12 et 13, *nost. tit.*, Dig.) Ulpien se demande, à ce propos, si le débiteur sera libéré, et il se prononce pour l'affirmative; il décompose l'opération; il y a eu, dit-il, d'une part, tradition des écus au mari; d'autre part, nouvelle tradition de ces écus à la femme par le mari : la première tradition est valable, la seconde est nulle; mais la nullité de cette dernière ne doit pas entraîner la nullité de la première qui est restée occulte : « Nam celeritate conjungendarum actionum « unam actionem occultari. »

Ce n'est pas ainsi cependant que le décidait Africain, jurisconsulte antérieur à Ulpien; il n'admettait pas que le débiteur fût libéré, mais il lui accordait une exception pour repousser la demande du mari s'il se déclarait prêt à lui céder ses actions. Ce jurisconsulte n'avait pas imaginé comme Ulpien de décomposer l'opération en deux phases, et il s'en était tenu aux conséquences du pur droit civil. (L. 38, § 1, *de solutionibus*, Dig.)

Ulpien donnait la même solution au cas où un mari, sachant quelqu'un disposé à lui faire une donation, lui donnait mandat de la faire à sa femme : la tradition du donateur au mari était valable, celle du mari à sa femme était nulle.

Une femme pouvait encore, dans l'intention de gratifier son mari, se porter *ex promissor* envers l'un de ses créanciers; c'était encore là une libéralité tombant sous le coup de la prohibition. L'intervention de la femme était nulle et non avenue; le mari restait obligé.

Il y avait encore nullité de l'opération lorsqu'un mari, voulant gratifier sa femme, ordonnait à son débiteur de s'obliger envers elle; la stipulation de la femme et la promesse du débiteur étaient nulles. Si le débiteur venait à payer entre les mains de la femme, il n'était point libéré envers le mari; mais il pouvait, soit revendiquer les écus, s'ils existaient encore en nature, soit exercer la *condictio*; il pouvait également se protéger contre l'action du mari en se déclarant prêt à lui céder ses actions. (Loi 39 *nost. tit.*)

Le jurisconsulte Julien, qui émet cette opinion dans la loi 39 de notre titre, paraît se mettre en contradiction avec ce que nous dit Ulpien sur la loi 3, § 12; Ulpien, nous le savons, admettait qu'il y avait libération du débiteur; il est possible, cependant, de les concilier. Ulpien suppose qu'il y avait eu simplement paiement du débiteur entre les mains de la femme, sur l'ordre du mari créancier; Julien suppose de plus un engagement du débiteur envers la femme. Dans le premier cas, le débiteur, en payant entre les mains de la femme, entend se libérer envers le mari; dans le second cas, il veut se libérer envers la femme

TROISIÈME PARTIE.

DU SÉNATUS-CONSULTE RENDU SOUS SEPTIME-SÉVÈRE ET ANTONIUS CARACALLA.

La prohibition des donations entre époux reposai', nous le savons, sur un double motif. On avait voulu parer aux inconvénients d'une tendresse irréfléchie, et, en même temps, éviter que le divorce ne devînt une perpétuelle menace aux mains des plus cupides.

Et cependant, sans être ni l'objet d'une contrainte morale, ni l'objet d'une tendresse irréfléchie, une donation pouvait être dictée par un simple intérêt d'affection. Il devait être pénible alors à un conjoint dont le dévouement ne s'était pas démenti pendant son mariage, de se voir enlever, par les héritiers de son époux, une libéralité à laquelle il croyait avoir droit.

Il y avait là une injustice qu'il fallait éviter; l'esprit des jurisconsultes romains se mit à l'œuvre, et, vers le commencement du IIIe siècle de l'ère chrétienne, on vit apparaître un sénatus-consulte qui donna satisfaction à tous les intérêts. La volonté de l'époux donateur restait respectée après sa mort, sans qu'il fût besoin d'une dernière manifestation de sa part; par cela seul que l'époux donateur était décédé sans avoir révoqué la donation, le sénatus-consulte défendait à l'héritier d'élever aucune prétention contraire. La persistance de la volonté du défunt fut réputée elle-même une ratification.

Cette importante innovation dans la matière des donations entre époux date du commencement du IIIe siècle de l'ère chrétienne; elle fut proposée dans le Sénat par Caracalla, alors associé à l'Empire, sous le règne de Septime Sévère. Ulpien nous rapporte les termes du discours de Caracalla dans le Sénat : « Ait oratio fas esse eum « quidem qui donavit pœnitere, heredem vero « eripere forsitan adversus voluntatem supremam « ejus qui donaverit, durum et avarum esse. » (Loi 32, § 2, *nost. tit.*)

Un assez grand nombre de textes font allusion à cette *oratio*; mais, tandis que les uns ne parlent que d'Antonin Caracalla, comme étant l'auteur de la proposition émise devant le Sénat (loi 3 pr.; loi 32 pr. et § 1er, *nost. tit.*); d'autres ne parlent que du père d'Antonin, c'est-à-dire Septime-Sévère (loi 23, Dig.; loi 10, au Code, *nost. tit.*); d'autres, enfin, mentionnent les noms de Septime-Sévère et de son fils Antonin Caracalla. (Loi 3, au Code, de notre titre; *frag. vat.* § 294.) De cette diversité dans les textes, on a conclu à l'existence de deux sénatus-consultes sur le même point: l'un serait émané de Septime Sévère, l'autre de son fils Antonin Caracalla. Cette opinion est rejetée aujourd'hui par la majorité des romanistes modernes; elle n'avait, du reste, d'autre but que de fournir un moyen facile de résoudre une difficulté dont nous aurons bientôt à nous occuper. Nous nous contenterons, pour le moment, de dire qu'il n'y eut qu'un sénatus-consulte, et que cela nous paraît incontestable, en présence de la constitution qui forme la loi 3 au Code, du titre *des donations entre époux*. Ce texte nous dit que le sénatus-consulte qui confirme les donations entre époux est émané de Caracalla et de son père Septime-Sévère; rien d'étonnant à ce que le nom de ce dernier soit mentionné à côté de celui de son fils; car, étant alors empereur, c'était de lui qu'émanait la force législative.

Empêcher que des héritiers méconnaissent la volonté de leur auteur, en enlevant au conjoint survivant le témoignage d'affection qu'il tenait du défunt, tel fut le but du sénatus-consulte.

Depuis lors, la donation fut permise entre époux; mais l'expérience du passé avait montré le danger: à côté du mal fut placé le remède: la révocabilité. La donation entre époux était révocable *ad nutum*, soit expressément, soit tacitement. Les époux pouvaient se gratifier de tous leurs biens, mais il était un droit auquel il leur était interdit de renoncer : c'était le *jus pœnitendi ;* ainsi se trouvait assurée pour le donateur la liberté d'action, d'une part ; d'autre part, une bienfaisante protection contre sa propre faiblesse.

Appliquer à la donation entre vifs entre époux le *jus pœnitendi*, c'était l'assimiler à une autre institution : la donation à cause de mort ; les auteurs du sénatus-consulte ne s'aperçurent point, sans doute, de ce résultat ; et leur innovation se résume à dire que, désormais, toutes fois que l'on rencontrera une donation entre vifs entre époux, l'on supposera que les époux ont voulu faire une donation à cause de mort, et on devra lui en appliquer les différentes règles. C'est ce que firent les jurisconsultes romains ; les donations entre époux furent soumises à la Falcidie, aux lois Décimaires, à la caducité au cas de crime emportant la confiscation des biens du donateur. (Loi 32, § 7 et 8, *Nost. tit.*)

Signalons, toutefois, une différence qui se maintint entre la donation entre vifs entre époux et la donation à cause de mort : elle a trait à l'insinuation ; la donation entre époux devait être insinuée lorsqu'elle dépassait le taux de deux cents solides avant Justinien, et de cinq cents depuis cet empereur ; la donation à cause de mort était, au contraire, de même que le legs, dispensée de cette formalité.

Nous examinerons successivement à quelles personnes s'appliquait le sénatus-consulte ; quelles donations étaient confirmées par le prédécès du donateur ; enfin, quelles causes pouvaient s'opposer à cette confirmation.

1° A quelles personnes s'appliquait le sénatus-consulte de Caracalla ?

Il s'appliquait aux personnes que nous avons vues précédemment incapables de se donner pendant le mariage ; ainsi, ce n'était pas seulement les époux qui bénéficiaient de ce sénatus-consulte, mais encore les membres de la même famille dont la personnalité se confondait avec celle du *paterfamilias*. Désormais, un beau-père put donner à son gendre ou à sa bru, même lorsque sa fille ou son fils étaient restés sous sa puissance. De même, deux beaux-pères purent se faire des donations valables, alors même qu'ils avaient chacun des époux sous leur puissance ; ces donations n'étaient soumises à d'autres conditions que la révocabilité, et, par suite, le prédécès du donateur, ou du fils ou de la fille du donateur, dont la présence faisait de la donation une donation entre époux : « Ut valeat igitur donatio ista, « Papinianus exigit ut et filius ejus qui donavit

« ante decesserit et socer postea durante volun-« tate. » (Loi 32, § 16 *in fine*, *nost. tit.*)

2° A quelles donations s'appliquait le sénatus-consulte?

Toute donation tombait sous l'application du sénatus-consulte, et cela, soit qu'elle fût directe ou indirecte, soit qu'elle fût déguisée, ou par personnes interposées.

Lorsqu'il y avait donation par personne interposée, il fallait faire une distinction entre le cas où l'interposition avait été faite par le donateur et le cas où elle avait été faite par le donataire.

1re *hypothèse*. — L'interposition a été faite par le donateur ; en ce cas, il n'y a pas lieu de s'occuper de l'époque du décès de la personne interposée. La donation est valable à une seule condition, c'est que le mandataire exécute son mandat avant le décès du donateur, autrement le mandat se trouvant révoqué *ipso jure* la donation serait caduque. (Loi 11, § 7 et 8 *in fine*, *Nost. tit.*)

2e *hypothèse*. — L'interposition a été faite par le donataire ; en ce cas, il fallait tenir compte du décès de la personne interposée ; pour transmettre valablement, on exigeait d'elle qu'elle pût acquérir pour elle-même ; il fallait donc qu'elle survécût au donateur. Une telle donation exigeait donc, pour sa validité, la survivance de deux personnes : 1° celle de l'époux donataire ; 2° celle de la personne interposée. (Loi citée.)

C'était un point vivement controversé que celui de savoir si le sénatus-consulte de Caracalla s'appliquait non-seulement aux donations suivies d'exécution, mais encore aux promesses de donner.

Le texte de l'*oratio* était ainsi conçu : « Fas esse « eum qui donavit pœnitere ; heredem vero eri- « pere forsitan adversus voluntatem supremam « ejus qui donaverit durum et avarum esse. » A s'en tenir à la lettre du sénatus-consulte, il n'aurait eu en vue que les donations suivies d'exécution ; les mots *heredem vero eripere* favorisent cette interprétation ; c'est ainsi que l'entendaient, du reste, plusieurs jurisconsultes : Papinien, entre autres, comme nous l'apprend Ulpien, distinguait entre les donations suivies d'exécution et les simples promesses non exécutées. Les premières étaient validées par le sénatus-consulte ; les secondes étaient nulles, et le donataire n'avait aucune action contre l'héritier du donateur : « Papinianus putabat orationem « divi Severi ad rerum donationem pertinere ; « denique si stipulanti uxori suæ spopondisset « non putabat conveniri posse heredem mariti « licet durante voluntate maritus decesserit. » Ce texte est rapporté par Ulpien, mais ce jurisconsulte ne partageait certes pas l'opinion de

Papinien, car il nous dit lui-même : « Oratio per« tinet ad omnes donationes inter virum et uxo« rem factas ut et ipse jure res fiant ejus cui « donatæ sunt et obligatio sit civilis. »

Les expressions *et obligatio sit civilis* nous prouvent surabondamment qu'Ulpien entendait appliquer le sénatus-consulte aux obligations de donner. (L. 23, *nost. tit.*; l. 32, § 1 et 2, *eod.*) Dans le § 23 de la même loi 32 de notre titre, Ulpien fait l'application du sénatusconsulte aux donations de corps certains, ainsi qu'aux remises de dettes; l'on a prétendu voir là une preuve qu'Ulpien entendait restreindre à ces deux hypothèses l'application du sénatusconsulte; mais une telle opinion est difficilement admissible, car le même texte ajoute : « Generaliter « universæ donationes quas impediri diximus ex « oratione valebunt. » C'est donc qu'Ulpien entendait ne citer que des exemples et que pour lui l'application du sénatusconsulte devait être généralisée en faveur de toutes les donations entre époux. La loi 33 de notre titre en est une dernière preuve : la stipulation d'annuités entre époux donnait action au donataire pour la dernière annuité, mais non pour celles échues pendant le mariage, car il ne pouvait y avoir de donations valables qu'autant qu'elles étaient confirmées par le prédécès de l'époux donataire.

Disons-le donc sans hésiter, Ulpien étendait

aux promesses de donner le bénéfice de l'*oratio*; il suivait, sans doute, en cela les progrès de la jurisprudence; et si le texte de l'*oratio* paraissait ne comprendre que les donations de choses, il est certain néanmoins que son esprit comportait l'extension que lui donnait Ulpien; le jurisconsulte Papinien, d'une époque un peu antérieure à Ulpien, s'en tenait encore à la lettre du sénatusconsulte.

On a prétendu pourtant qu'Ulpien était du même avis que Papinien, et qu'il n'appliquai l'*Oratio* qu'aux *donationes rerum*. Ce qui donna lieu à cette grave controverse est une approbation que fait Ulpien lui-même de l'opinion de Papinienin : « Papinianus recte putabat orationem divi Severi « ad rerum donationem pertinere » *recte*. Donc Ulpien se rangeait à l'avis de Papinien. (L. 23, *nost. tit.*) Partant de là, les partisans de cette opinion se divisent dans l'explication des textes qui leur sont contraires. Le principal texte qu'il leur faut torturer pour le plier à leur système est la loi 32, § 1. Ulpien, nous le savons déjà, nous dit dans ce texte que l'*Oratio* s'applique à toutes les donations entre époux, puis il ajoute : « Ut et « ipso jure res fiant ejus cui donatæ sunt et *obli-* « *gatio sit civilis.* » Ce sont les derniers mots de ce texte qui sont difficiles à expliquer pour les partisans de cette opinion. Pothier explique ces expressions de la manière suivante : il suppose que le mari a cédé à sa femme une créance contre un tiers en la constituant *procuratorem in rem suam;* la femme, dit-il alors, pourra poursuivre le débiteur cédé après le décès de son mari; cette tradition de créance est une *donatio rerum.* C'est ainsi que Pothier concilie Ulpien avec Papinien; mais est-il croyable qu'Ulpien, en exposant les principes généraux de la matière dont nous nous occupons, ait songé à une hypothèse aussi spéciale? En outre, cette explication n'est rien moins qu'inexacte; car d'après les principes du droit romain sur la cession de créance, il n'y avait pas de nouveau lien d'obligation entre le cessionnaire et le débiteur cédé; le cessionnaire n'acquérait d'autres actions que celles de son cédant. Pothier présente un second exemple où se rencontrerait une *obligatio civilis;* c'est le cas où il y aurait eu stipulation pour le cas d'éviction de la chose donnée et livrée; en ce cas, dit-il, il y aurait encore lieu à une *obligatio civilis.* Mais alors l'on peut se demander pourquoi Pothier validerait plutôt cette obligation que toute autre. (Pothier, n° 76, note 1, Pandectes.)

D'autres commentateurs ont appliqué les expressions : *obligatio civilis* à l'acceptilation; cette explication est encore moins acceptable que celle de Pothier. Comment, en effet, admettre qu'une acceptilation puisse engendrer une obligation. La loi 33 n'est pas un moindre obstacle à l'admission du système que nous combattons; l'on a pourtant essayé de l'écarter en disant que la décision de cette loi n'était qu'une décision de faveur et qu'il fallait la restreindre aux donations ayant un caractère alimentaire.

Il nous reste à dire comment nous entendons la loi 23 de notre titre ; l'opinion généralement admise, c'est que ce texte a été l'objet d'une mutilation. Ulpien, après avoir rapporté l'avis de Papinien, exposait ensuite son opinion ; les ciseaux de Tribonien retranchèrent cette dernière partie du texte, et pour mettre Ulpien d'accord avec Papinien, les compilateurs intercalèrent le mot *recte;* expression qui dénature la pensée d'Ulpien.

On peut admettre également, comme le fait M. de Savigny, que Papinien s'occupait en premier lieu des donations de choses et traitait ensuite des promesses de donner. Ulpien approuvait la première partie du texte comme l'indique le mot *recte*, mais le désapprouvait sans doute dans la seconde partie; ce serait cette seconde partie qui aurait été supprimée par Tribonien.

Un système intermédiaire a été présenté, il repose sur la possibilité d'un double sénatusconsulte : l'un serait émané de Septime-Sévère, l'autre de Caracalla. Nous avons déjà exposé ci-dessus les raisons qui nous empêchaient d'admettre cette supposition. Elle ne repose sur aucun texte ; et il est bien certain que les jurisconsultes contemporains de Septime-Sévère et Caracalla n'auraient pas manqué de parler de cette circonstance si elle eût été exacte.

Reconnaissons donc qu'il n'y a pas de conciliation possible entre l'opinion de Papinien et celle d'Ulpien, et que tandis que le premier s'en tenait à la lettre du sénatus-consulte, le second constatait la tendance de la jurisprudence à une application plus large et mieux entendue.

A l'époque de Justinien, la controverse existait encore : elle s'était surtout ranimée dans le barreau d'Illyrie ; Justinien la trancha dans le sens de l'opinion que nous avons embrassée. N'est-ce pas là encore une preuve des plus manifestes pour démontrer que le jurisconsulte Ulpien entendait bien appliquer l'*Oratio* à toutes les donations possibles entre époux. Voici, du reste, la teneur de la constitution de Justinien : « Sancimus.... si perfecte omnia se habeant ea quæ « ad talem donationem pertinent : tam secun- « dum mensuram quam secundum insinuatio- « nem, valere ipsam ex modo omni per viri si- « lentium illico ab initio ex quo facta fuit... « ita ut (oporteat) præbere exactionem (donatio- « nis) si quidem stipulatio intervenit per ex « stipulatu, sin minus per ex lege condictitiam « (actionem). » (*Nov.* CLXII, cap. 1).

Cette novelle ne fut pas glosée; cela tient à ce que l'on ne fit que tardivement sa découverte ;

mais elle n'en conserve pas moins toute son autorité législative dans la question qui vient de nous occuper.

L'assimilation des donations entre époux à la donation à cause de mort, fut le résultat de la jurisprudence. A ce point de vue encore, la doctrine d'Ulpien se justifie pleinement, car la donation à cause de mort pouvait revêtir la forme de la stipulation.

Une des conséquences de l'assimilation de la donation entre époux à la *mortis causa* était la nécessité de subir l'application de la *Falcidie.* Cette loi, déjà étendue aux donations à cause de mort par une constitution de Sévère et Antonin, le fut ensuite aux donations entre époux par la jurisprudence. Ce point est également constaté par Ulpien : « Ait oratio... ita ut de Falcidia, « ubi possit locum habere, tractandum sit ; cui « locum ita fore opinor quasi testamento sit « confirmatum quod donatum est. » (Loi 32, § 1, *nost. tit.*).

Ulpien nous dit que l'on devra appliquer la Falcidie aux donations entre époux ; mais il ajoute *ubi possit locum habere;* il fait allusion à des exceptions ; c'est qu'en effet il y avait des cas où la donation entre époux devait être maintenue comme donation entre vifs sans le secours du sénatus-consulte ; ces cas étaient ceux que nous avons passés en revue comme faisant exception à l'ancienne prohibition des donations entre époux. C'étaient les donations *divortii causa, exsilii causa, honoris causa*, celles qui n'enrichissaient pas le donataire, ou n'appauvrissaient pas le donateur, la Falcidie ne leur était pas applicable.

Obstacles à la confirmation des donations entre époux.

« A marito in uxorem donatione collata ma-
« trimonii tempore nec initio dominium trans-
« ferri potest ; nec post si divortium intercesse-
« rit ; vel prior persona quæ liberalitatem
« accepit rebus humanis fuerit exempto, vel ab
« eo qui donavit fuerit revocata potest convales-
« cere. » (Loi 18, Code, *nost. tit.*).

Trois causes principales faisaient donc obstacle à la confirmation des donations entre époux : le divorce, le prédécès du donataire, la révocation. Pour compléter cette énumération, l'on peut y joindre : la captivité, l'émancipation. Occupons-nous-en premier lieu de la révocation.

1° *De la révocation.* A l'image des donations à cause de mort, les donations entre époux étaient essentiellement révocables au gré du donateur; c'était seulement à cette condition que l'*oratio Severi* accordait l'existence aux donations entre époux. La révocation pouvait être expresse ou tacite; mais, dans tous les cas, on s'en tenait à la dernière volonté du défunt : « Supremam accipere « debemus pœnitentiam... ut sit usque ad supre-

« mum exitum vitæ ambulatoria donatoris vo-« luntas. » (Loi 32, § 3, Digeste, *nost. tit.*). Dans le doute, on se prononçait en faveur du maintien de la donation ; « proclivior judex esse de-« bet ad confirmandam donationem. »

La *pœnitentia* pouvait s'induire de tels ou tels faits de nature à indiquer chez le donateur un changement de volonté : une vente, une donation, un legs en faveur d'autres personnes étaient autant de faits suffisants pour démontrer l'intention de révoquer.

Au temps d'Ulpien, le *pignus* était encore regardé comme emportant révocation tacite de la donation, encore bien, ajoute ce jurisconsulte, que le donateur, en concédant une hypothèque, n'eût pas entendu abdiquer son droit de propriété. La concession d'une hypothèque n'était pas, toutefois, une révocation aussi radicale que la vente, la donation ou le legs ; ainsi la libéralité était regardée comme maintenue, lorsque le mari avait laissé sa femme en possession du fonds dont il l'avait gratifiée ; mais alors la femme devait désintéresser le créancier hypothécaire en se faisant céder ses actions contre l'héritier du donateur.

Justinien, décida qu'à l'avenir ni l'hypothèque, ni même la dation en gage, ne suffiraient à elles seules pour démontrer chez le donateur l'intention de révoquer (Nov. 162, ch. 1er, § 2).

Un esclave a été donné par l'un des époux à l'autre, puis il est institué héritier; l'on sait que l'institution d'héritier d'un esclave par son maître emportait *ipso jure* la donation de la liberté. Eh bien, dans notre espèce, devra-t-on maintenir la donation et regarder alors l'institution d'héritier comme faite à un esclave étranger, ou dire, au contraire, que l'institution d'héritier a révoqué la donation (Loi 22, *nost. tit.*, Dig.). Ulpien se prononce pour le maintien de la donation ; l'institution d'héritier, dit-il, ne peut prévaloir qu'autant que le donateur manifesterait la volonté de révoquer la donation. Si, au contraire, la donation faite à l'époux était postérieure à l'institution, il y avait là une révocation du don de la liberté fait à l'esclave.

2° *Du divorce.* Le divorce était à lui seul une cause de révocation tacite; il révoquait aussi bien les donations entre vifs que les donations à cause de mort : « Si maritus uxori donaverit mortis « causa, eaque diverterit an dissolvitur donatio? « Julianus scripsit infirmari donationem. » (Loi 11, § 10, *eod.*).

On n'admettait pas que l'*animus donandi* pût survivre au divorce, sans qu'il y eût à distinguer entre le divorce *bona gratia* et le divorce *cum ira animi*; si le donateur voulait maintenir la donation, il fallait, pour cela, une nouvelle manifestation de sa volonté (Loi 32, § 10, *eod.*). Les donations *divortii causa*, qui étaient permises même au temps de la prohibition, ne pouvaient être faites qu'en vue d'une cause déterminée ; elles prenaient naissance au moment où le divorce était consommé.

Si le mariage avait été rétabli après le divorce, et que le donateur fût décédé sans avoir manifesté aucune intention de révoquer, la donation était-elle nulle, ou, au contraire, était-elle valable, par l'effet de la restauration du mariage? Ulpien n'admet l'affirmative qu'avec doute; il dit : « Potest defendi donationem valere. » (Loi 32, § 11, *nost. tit.*)

Dans l'ancien droit romain, le *paterfamilias* pouvait envoyer le *repudium* à son gendre ou à sa bru; ce *repudium* dissolvait le mariage absolument comme celui émané de l'un des époux ; c'était là un étrange abus de la puissance paternelle; aussi, une constitution d'Antonin-le-Pieux vint-elle faire disparaître ce que l'on pourrait appeler à notre époque une monstruosité. (Paul, *Sentences*. V. 6, § 15.) L'effet de cette constitution ne fut pas, toutefois, d'enlever au *paterfamilias* le *jus repudii ;* mais, à l'avenir, le *repudium* du père ne dissolvait plus le mariage. Quelle pouvait donc alors être l'utilité du *repudium*? Ulpien nous l'indique : c'était de révoquer les donations faites par le *pater familias* à son gendre ou à sa bru. (Loi 32, § 19, *nost. tit.*) C'est ainsi que deux beaux-pères pouvaient révoquer les donations faites entre eux ; ils s'envoyaient le *repudium*, sans que cela pût nuire au mariage de leurs enfants. (L. 32, § 20, *nost. tit.*)

III. *Révocation par le prédécès du donateur.*

Une troisième condition de validité de la donation entre époux était la survie du donataire; c'était là une conséquence du *jus pœnitendi* réservé au donateur. Le prédécès du donataire ne pouvait lui enlever cette faculté.

Que si deux époux, donataires mutuels, étaient morts dans un même évènement, on appliquait la même solution que pour les donations à cause de mort ; la donation était maintenue, à moins que les héritiers de l'un des époux ne prouvassent la survie de leur auteur.

Une autre raison de décider en ce sens, c'est que, dans le doute, le juge devait se prononcer pour le maintien de la libéralité entre époux.

Nous venons de parler des trois principaux obstacles à la confirmation des donations entre époux : le divorce, la révocation et le prédécès du donataire. La captivité de l'un des époux, l'émancipation, étaient encore des circonstances qui formaient obstacle à la validité des donations entre époux :

1° *Effet de la captivité sur les donations entre*

époux. Lorsqu'un Romain tombait aux mains de l'ennemi pour devenir son prisonnier, Rome le rayait de la liste des citoyens ; ce n'était même plus à ses yeux un homme vivant ; on le considérait comme mort dès le jour même de sa captivité. Cette fiction était bien conforme à l'esprit orgueilleux des Romains ; elle fut imaginée par un certain Cornélius; de là le nom de loi Cornelia donné à cette disposition. Grâce à elle, le citoyen romain était réputé mort dans l'intégrité de ses droits, et, par conséquent, les dispositions de dernière volonté qu'il avait pu faire étaient maintenues. De ce que la donation entre époux était assimilée à la donation à cause de mort, il en résultait qu'elle était réputée faite par une personne *integri status*, et, par conséquent, valable, en admettant que l'autre époux fût encore vivant.

Si le captif rentrait dans ses foyers, alors, par l'effet d'une autre fiction, le *postliminium*, il était censé n'avoir jamais été prisonnier; les choses étaient remises au même état qu'auparavant, et la donation était confirmée par le prédécès de l'époux donateur.

Remarquons, en passant, que le *jus postliminii*, qui produisait des effets absolus pour tous les droits qui pouvaient compéter à l'ancien captif, n'en produisait cependant aucun à l'égard du mariage; la captivité avait rompu le mariage une fois pour toutes; il ne pouvait être rétabli qu par la volonté de l'époux resté libre. Si ce dernier ne voulait pas renouer le mariage, il en avait le droit ; mais alors, comme c'était par sa faute qu'il y avait divorce, il subissait les peines infligées à celui des conjoints qui envoyait un *repudium* non motivé sur une juste cause.

Deux époux, dont l'un est donataire de l'autre, ou tous deux donataires mutuels, sont faits prisonniers en même temps. Ulpien, qui prévoit cette hypothèse, donne la même solution que pour le cas où les époux sont *comorientes;* les donations seront maintenues (Loi 32, § 14, *nost. tit.*). Si l'un des époux revient de captivité, nous rentrons alors dans l'hypothèse ci-dessus prévue; l'époux captif est le seul censé mort aux yeux de la loi ; et s'il ne revient pas, la donation est valable ou nulle, selon que l'époux de retour est le donataire ou le donateur.

Si, au lieu de supposer la captivité chez l'ennemi, nous supposons que le donateur devienne *servus pœnæ* par suite d'une condamnation, la solution était différente: car alors la fiction de la loi Cornelia, qui était un bénéfice pour le citoyen romain, n'était pas applicable à un criminel. La sentence, qui prononçait sa condamnation, emportait en même temps la confiscation de ses biens. Les dispositions de dernière volonté qu'il avait faites étaient annulées ; donc, si nous supposons que le condamné était l'époux donateur, c'était là un nouveau cas de caducité de la donation entre époux (Loi 32, § 6 et 7, *nost. tit*).

Lorsqu'un homme libre devenait l'esclave d'un particulier, ce qui arrivait, soit par suite de l'ingratitude d'un affranchi envers son patron, soit parce qu'un homme libre s'était laissé vendre pour participer au prix, le patrimoine de l'esclave passait au *dominus;* par suite, les dispositions de dernière volonté étaient, comme précédemment, annulées, non plus en faveur du fisc, mais bien en faveur du maître de l'esclave.

5° *Émancipation*. L'émancipation pouvait être un obstacle à la confirmation des donations entre époux; ainsi, lorsque l'un des beaux-pères avait donné à son gendre ou à sa bru, ou à l'autre beau-père, l'émancipation de l'un des époux, en détruisant la confusion juridique de personnes qui avaient motivé la donation, détruisait par cela même la donation. Cette donation était alors réputée faite sans cause, et elle était infirmée. « Si consocer consocero donaverit, et alter « eorum vel uterque copulatos emancipaverit, « debet dici donationem ad orationem non per- « tinere, et ideo infirmari donationem. » (Loi 32, § 21, *nost. tit.*).

Des secondes noces.

A Rome, les seconds mariages étaient à l'origine aussi favorables que les premiers ; loin de les prohiber, les tendances de l'époque les encourageaient. Au temps d'Auguste, on songeait à l'augmentation de la population romaine, décimée par les guerres civiles ; les lois Julia et Papia Poppæa furent rendues dans ce but. On était loin encore du moment où l'on prendrait en considération les enfants du premier lit ; tout ce que l'on exigeait de la femme veuve, c'est qu'elle ne contractât pas un nouveau mariage avant l'expiration des dix mois de viduité ; la femme qui contrevenait à cette défense était notée d'infamie ; on voulait éviter la *turbatio sanguinis.*

Il en fut ainsi jusqu'à l'époque où le christianisme, sortant victorieux des longues persécutions, prit enfin dans les institutions la place qu'il méritait. Gardien, trop scrupuleux peut-être, de la pureté des mœurs, le christianisme ne voyait qu'à regret le veuvage faire place à de nouvelles unions. C'est ainsi que sous l'impulsion de cette idée, les empereurs Gratien, Valentinien III et Théodose Ier, firent porter le temps de viduité de dix mois à une année (Loi 2, au Code, *de secundis nuptiis*). Un an plus tard, c'est-à-dire en l'an 382 de l'ère chrétienne, les mêmes empereurs décrétèrent la constitution connue par ses premiers mots : *Fœminæ quæ*, etc. (Loi 3, au Code, *de secundis nuptiis*).

Le but de cette dernière constitution était d'assurer l'avenir des enfants. Lorsqu'une femme avait des enfants d'un premier lit, et qu'elle convolait en secondes noces, il lui était défendu de disposer des biens qu'elle avait reçus de son mari, et cela au profit de quelque personne que ce fût. Cette défense avait une portée générale et s'appliquait aux dons de fiançailles, aux donations à cause de mort, aux institutions d'héritiers, aux legs, aux fideicommis, aux donations entre époux; en un mot, elle paralysait, entre les mains de la femme, la faculté de disposer d'aucun bien venant de son mari autrement qu'à titre onéreux. Les biens ainsi frappés d'inaliénabilité durant la vie de la femme, étaient réservés aux enfants du premier lit; toutefois, leur mère pouvait choisir celui d'entre eux qu'il lui plaisait d'avantager. D'après cette constitution, le convol de la veuve convertissait en usufruit le droit de propriété qu'elle avait auparavant sur les biens reçus de son mari.

La même décision fut, dans la suite, appliquée au cas où l'un des enfants du premier lit venait à décéder après le convol; la femme devait restituer aux autres enfants du premier lit la nue-propriété des biens qu'elle recueillait dans la succession de cet enfant; ce n'est qu'à leur défaut qu'elle restait pleine propriétaire avec le droit de tester sur tous ces biens. (Loi 3, Code, § 1er, *De sec. nuptiis.*)

Par une juste réciprocité, en l'an 422 parut une Constitution émanée des empereurs Théodose III et Honorius, ayant pour but d'établir que les enfants du deuxième lit partageassent, seuls avec leur mère, les biens qu'elle avait reçus de leur père : « Hac lege id præcipue custodiendum esse « decernimus, ut ex quocumque conjugio suscepti « filii; patrum suorum sponsalitias retineant « facultates. »

La Constitution *Generaliter*, rendue sous Théodose II et Valentinien III, étendit aux hommes veufs les dispositions de la Constitution *fœminæ quæ ;* elle établissait, en outre, qu'à l'avenir, les enfants du premier lit n'auraient plus besoin d'être héritiers du prémourant pour jouir du bénéfice introduit en leur faveur; mais ils devaient se porter héritiers du survivant de leurs auteurs, décédé à son tour. (Loi 5 pr., § 1er, *De sec.nupt.* Code.)

En l'an 426, parut une nouvelle Constitution, émanée des mêmes empereurs Théodose II et Valentinien III ; elle est désignée souvent par ces premiers mots : *Mater quæ*, etc. (Loi 5 au Code, *ad S. N. Tertullianum.*)

Cette Constitution règle les droits de la mère à la succession de son enfant ; la mère ne pouvait recueillir en propriété les biens provenant de la libéralité de son premier mari, lorsqu'ils se retrouvaient dans la succession de cet enfant ;

elle n'en percevait que l'usufruit ; la nue-propriété était réservée aux enfants du premier lit. Quant aux autres biens, la mère avait le droit de concourir, avec les frères et sœurs, pour une part en propriété. Justinien supprima un moment cette distinction dans la Novelle 2, chapitre 3 ; mais il ne tarda pas à la rétablir par une nouvelle Constitution qui forme la Nov. 22, chap. 46. Les Constitutions *fœminæ quæ* et *generaliter* défendaient au conjoint remarié de disposer des biens provenant du premier époux, mais elle permettait en même temps au survivant de disposer de ces mêmes biens en faveur de tel ou tel enfant du premier lit. C'était permettre une inégalité fâcheuse, elle fut effacée par la Novelle II, chapitre Ier ; cette Novelle enleva au survivant le droit de choisir parmi les enfants du premier lit celui qui bénéficierait des biens réservés.

Que devenaient les aliénations survenues entre le premier mariage et le convol en secondes noces? Ce point ne fut réglé qu'au temps de Justinien, par la Novelle II précitée, chapitre II. Cette Novelle décida que les aliénations faites pendant le veuvage par le survivant seraient révoquées par le convol, ou qu'au moins, leur validité serait soumise au prédécès de tous les enfants du premier lit.

La nécessité de conserver aux enfants du premier lit les gains nuptiaux, n'avait été, jusqu'à Justinien, établie que pour le cas de dissolution du mariage par le décès de l'un des époux. Justinien voulut qu'il en fût de même au cas de dissolution par le divorce. Cette nouvelle disposition ne pouvait évidemment s'appliquer qu'au cas de divorce *bona gratia;* car ce divorce, nous le savons, était le seul dont la nature pût comporter le maintien des donations préexistantes, encore fallait-il pour cela une nouvelle manifestation de volonté de la part du donateur. Comme garantie de cette réserve, une hypothèque tacite fut accordée aux enfants du premier lit, sur les biens de la femme remariée. (Loi 6, § 2, Code, *de secundis nuptiis*). Justinien étendit cette disposition au père remarié; (Loi 8, § 4, *de secundis nuptiis.*) En cas de décès d'un enfant du premier lit laissant lui-même des enfants, ceux-ci recueillaient, dans les gains nuptiaux, la part afférente à leur auteur.

Ce que nous venons de dire ne s'appliquait qu'au cas de second mariage; Justinien, voulant assurer encore plus l'avenir des enfants du premier lit, décida que les gains nuptiaux n'appartiendraient jamais qu'en usufruit à l'époux survivant, même non remarié. La propriété de ces biens se trouvait, en vertu de cette décision, immédiatement acquise aux enfants du donateur, et transmissible à leurs héritiers.

Un tel système de protection des enfants du premier lit contre une tendresse irréfléchie du survivant envers son nouveau conjoint, pouvait cependant rester inefficace; il pouvait arriver, en effet, que le survivant n'eût reçu de l'époux décédé aucune libéralité. On s'attaquait alors à ses propres biens. Dès l'an 380, une peine pécuniaire, outre la peine d'infamie, frappait la femme qui se remariait avant l'expiration des dix mois de viduité. (Loi 1, Code, *de sec. nupt.*) Cette peine pécuniaire n'était pas une amende au profit du fisc; elle avait un but plus élevé : la protection des enfants du premier lit; elle consistait en une limite apportée à la constitution de dot de la femme. La veuve *infamis* ne se pouvait constituer en dot plus du tiers de ses biens, ni faire aucune donation à son mari autrement que dans la limite de ce même tiers. Cette constitution ne frappait que la veuve *infamis*; mais l'idée une fois donnée, il ne s'agissait plus que d'en généraliser la portée, pour faire de cette disposition une mesure réellement efficace dans l'intérêt des enfants du premier lit; c'est ce que firent les empereurs Léon et Anthemius, en l'an 469, par la constitution *Hac edictali*. Ils décidèrent d'une manière générale que tout conjoint veuf, convolant à de nouvelles noces ne pourrait donner à son nouveau conjoint qu'une part d'enfant le moins prenant. (Loi 6, Code, *de sec. nupt.*)

En cas d'excès de cette quotité, il y avait lieu à la réduction de la libéralité au profit des enfants du premier lit. Les enfants du second lit n'étaient pas admis à faire valoir cette réduction, si les enfants du premier lit négligeaient d'agir; ils ne pouvaient que demander que la légitime ne fût pas entamée.

Justinien vit d'abord, dans cette réserve au profit des enfants du premier lit, une faveur imméritée ; il voulut alors que le profit de la réduction obtenue fût partagé entre tous les enfants, aussi bien ceux du second que ceux du premier lit (loi 7, pr. *de sec. nupt.*, Code); mais il revint sur cette disposition, dans la Novelle XXII, chapitre XXVII, et il rendit la préférence aux enfants du premier lit. Justinien ne donne d'autre motif de ce brusque refus que son changement de volonté : « Non tamen illud nunc nobis placet. »

Tant que vivait l'époux remarié, l'on ne pouvait, évidemment, savoir quelle était la quotité dont le conjoint avait pu disposer; cette quotité variait avec le nombre d'enfants du premier lit encore survivants au décès de l'époux remarié. Si, à cette époque, il n'en restait aucun, les libéralités qu'il avait pu faire à son nouveau conjoint étaient maintenues dans leur intégrité, sauf, toutefois, l'application de la légitime, au cas d'enfants du second lit. C'était donc, dans tous les cas, au décès de l'époux remarié, qu'il fallait se placer pour fixer la quotité disponible entre conjoints par second et subséquent mariage.

DROIT FRANÇAIS.

DONATIONS ENTRE ÉPOUX

DEUXIÈME PARTIE.

DROIT COUTUMIER EN FRANCE ; SES ORIGINES.

Nous avons suivi dans la première partie de notre travail l'histoire des donations entre époux à travers la période romaine ; nous avons étudié leurs différentes phases jusqu'au sixième siècle, en y comprenant l'époque de Justinien. Il nous faut maintenant jeter nos regards vers l'Occident; nous y voyons les provinces romaines succomber sous la pression des barbares du Nord; ce sont les Germains ; ces peuples essentiellement guerriers apportent avec eux des usages grossiers, il est vrai, mais dont quelques-uns sont déjà rédigés en loi. Que la philosophie chrétienne vienne adoucir en les modifiant, les lois et coutumes de ces barbares, et bientôt l'élément germanique, s'alliant à l'élément romain, enfantera notre droit coutumier, la base de notre législation actuelle.

Avant de nous occuper de l'époque germaine, voyons ce qu'était devenu l'élément celtique et l'élément romain.

1° *Epoque celtique.* — Le peu de documents que nous possédons sur cette époque est insuffisant pour nous faire une idée de la législation des Celtes en notre matière. Nous ne connaissons, en effet, le vieux droit gallique que par quelques passages des Commentaires de César; nous y voyons que les Gaulois avaient des mœurs à peu près analogues à celles des Germains; c'est qu'en effet ces deux peuples descendaient d'une origine commune. César avait à faire la conquête de la Gaule; il n'étudia ce pays qu'au point de vue politique, et ce ne fut qu'à titre de digressions qu'il nous laissa quelques aperçus sur le droit privé. Un passage de ses Commentaires, entre autres, est devenu célèbre par la vive controverse que souleva dans la science l'origine de notre communauté légale; il y est parlé de donations mutuelles, et à ce titre il nous est permis de le rapporter ici : « Viri, quantas pecunias ab « uxoribus, dotis nomine, acceperunt, tantas ex « suis bonis, æstimatione facta cum dotibus « communicant; hujus omnis pecuniæ conjunc- « tim ratio habetur, fructusque servantur; uter

« eorum vita superarit ad eum pars utriusque « cum fructibus superiorum temporum pervenit. »

Ce texte est important à un double point de vue : 1° au point de vue de savoir si la communauté légale existait chez les Gaulois ; 2° au point de vue des donations entre époux. Le premier point est en dehors de notre matière, nous n'aborderons que le second.

Selon M. Laferrière, les donations entre époux devaient être prohibées dans le vieux droit de la Gaule ; cela résulterait du caractère d'égalité imprimé aux donations réciproques faites par les futurs époux en vue du mariage qu'ils devaient contracter. Nous n'essaierons pas de discuter la valeur de cette opinion, car, pour nous, il nous semble qu'il est à peu près inutile de rechercher si le vieux droit celtique contenait quelque germe de nos institutions. La raison en est que nous n'admettons pas qu'après le bouleversement général que fit en Gaule la conquête romaine, il pût rester quelque chose des institutions anciennes. Comment supposer, en effet, que le peuple romain, ce peuple si jaloux de sa supériorité, si ombrageux de tout ce qui n'était pas Rome, eût pu tolérer, chez des vaincus tels que les Gaulois, des institutions qui leur eussent rappelé leur indépendance.

Époque gallo-romaine.

Après la conquête romaine, la Gaule change d'aspect : des routes sont tracées pour relier les provinces entre elles ; des relais de poste sont organisés, et le *cursus publicus* devient un puissant moyen de centralisation administrative. Les mœurs romaines pénétrèrent en Gaule, et, avec elles la législation de la grande cité ; des gouverneurs sont nommés aux provinces conquises, et dans leurs États ils appliquent le droit romain aux populations gauloises. Un progrès législatif vient-il à se manifester dans la jurisprudence des préteurs de Rome il ne tarde pas à pénétrer en Gaule. Au commencement du troisième siècle, en l'an 212, un grand pas est fait dans cette voie d'assimilation ; Antonin Caracalla confère le droit de cité à tous les habitants des provinces ; être citoyen romain, c'était pour un provincial le plus grand honneur qu'il pût obtenir. Ce titre lui permettait d'aspirer aux plus hautes fonctions ; les avantages civils et politiques lui étaient assurés ; en un mot, il était citoyen romain. A partir de la conquête, la Gaule n'eut d'autres institutions que les institutions romaines : nous pouvons donc dire d'une manière à peu près certaine que les donations entre époux furent d'abord entièrement prohibées jusqu'au troisième siècle de l'ère chrétienne, puis, qu'elles furent permises lorsque fut rendu le sénatusconsulte de Caracalla. A partir de cette époque les donations entre époux restèrent en Gaule ce que les avait faites le sénatusconsulte. L'invasion barbare ne permit pas à Justinien de faire publier son Code dans les provinces d'Occident; nous savons, du reste, qu'il n'apporta que peu de modifications à la matière qui nous occupe. Tel était au sixième siècle l'état des donations entre époux dans la Gaule; voyons maintenant quels furent les éléments nouveaux apportés par les barbares.

Epoque germanique.

Chez les Germains le faible était placé sous la protection du fort; ce droit et ce devoir de protection s'appelait *mundium*. Le *mundium* appartenait aux hommes virils de la famille. Pendant toute sa vie, la femme germaine était soumise à cette puissance tutélaire. Le mundium appartenait au père, ou au plus proche parent, mâle; après le mariage il passait au mari moyennant un certain prix payé à la famille de la femme; au veuvage, le mundium ne retournait pas à la famille originaire de la femme; il restait aux mains du plus proche parent mâle de la famille du défunt. Le prix d'achat du mundium s'appelait *mundwald;* c'était l'expression la plus usitée. Le nom de *dos* n'apparut que lorsque le prix fut payé à la femme elle-même. Cette dernière expression réveille l'idée de la dot romaine, c'est que de bonne heure les barbares appliquèrent à leurs institutions des noms latins ; la dot germaine n'avait cependant rien de commun avec la dot romaine, Tacite en fait lui-même la remarque : « Dotem non uxor marito, sed uxori « maritus offert ; intersunt parentes ac propinqui « et munera probant. Munera non ad delicia « quæsita, nec quibus nova nupta comatur, sed « boves ac frænatum equem cum framea gladio- « que. »

Ce texte nous montre en même temps que les donations, à cette époque, étaient encore purement mobilières chez les Germains; cela tient à ce qu'ils ne connaissaient pas encore la propriété immobilière. Le sol conquis restait en commun, et, chaque année, l'on faisait un partage des terres. L'on peut s'étonner de voir le mari germain donner en dot des objets tels que des framées, des boucliers ou des chevaux de guerre; mais c'est qu'à l'époque où se place Tacite, le prix du *maritagium* allait encore tout entier aux parents. Plus tard, lorsque ce fut la femme qui perçut la totalité ou presque totalité de la dot, il est probable que les objets donnés dûrent avoir une nature moins guerrière. En échange de sa libéralité, le mari acquérait le *mundium* sur la femme; la dot germaine n'avait donc pas un caractère purement gratuit : aussi était-elle le plus souvent accompagnée d'une deuxième donation que le mari faisait à l'épousée le lendemain de ses noces; c'est ce que l'on appelait le *morgengabe*, c'est-à-dire le don du matin : c'était le *pretium virginitatis;* à ce titre, une veuve n'eût pu y prétendre, mais on avait admis pour elle un don du soir que l'on appelait *abandgabe*. Le don du matin ou du soir n'avaient lieu qu'après le mariage contracté; il prouvait l'estime du mari pour sa femme, aussi n'avait-il point de taux fixe; le mari pouvait le faire considérable ou minime; il pouvait même s'en affranchir complètement. Plus tard, il passa en usage de faire ce don au moment même du mariage; dès lors, il perdit son caractère et se confondit avec la dot. Un autre élément pouvait entrer dans la composition de la dot, c'était le *faderfium*, on appelait ainsi une donation que la femme recevait de son père; cette donation était une sorte d'avancement d'hoirie, car la femme, en quittant sa famille par le mariage, perdait ses droits à la succession de son père, ou du moins elle n'était appelée qu'à défaut de parent mâle. La dot germaine se composait donc de trois éléments : le prix du *mundium*, le morgengabe et le *faderfium*. La femme devenait à l'origine propriétaire de la dot après le décès de son mari; mais, plus tard, elle n'en conserva que l'usufruit : la nue-propriété était réservée aux enfants issus du mariage ; ce fut là l'origine du douaire.

M. Kœnigswarter, dans son ouvrage intitulé : *Études historiques sur le droit civil français*, nous donne en quelques lignes un aperçu rapide de cette transformation de la dot germaine : « Chez « les peuples naissants, l'homme ravit sa com« pagne; plus civilisé, il paya aux parents le prix « de la puissance paternelle qu'il leur enlevait; « l'amour inventa le morgengabe ; enfin, la re« connaissance de l'époux et la prévoyance du « père trouvèrent une heureuse combinaison du « prix d'achat et du don du matin, laquelle fa« vorisée par les Conciles et les Capitulaires de« vint le douaire d'abord conventionnel, puis « légal ou coutumier. »

Dans le Midi, ce qui remplaçait le morgengabe était la donation *propter nuptias;* il y avait aussi une autre libéralité que faisait le mari à la femme: c'était l'*osculum* ; cette libéralité avait lieu, sans doute, après le contrat de fiançailles ; la *donatio propter nuptias* et l'*osculum* furent dans le Midi de la France l'origine du douaire.

Le douaire dut certainement être conventionnel avant d'être légal, mais l'époque où s'accomplit cette transformation est incertaine. Sur la foi de Beaumanoir l'on a pensé que ce fut Philippe-Auguste qui établit le douaire légal ; malgré l'autorité d'un tel témoignage nous pensons que le douaire légal existait bien avant le treizième siècle ; nous possédons, en effet, plusieurs textes de lois barbares qui nous prouvent que chez les Germains il y avait un taux fixé par la loi en cas de silence des parties. Philippe-Auguste ne fit, sans doute, que réglementer certains points accessoires dans la matière du douaire, peut-être aussi n'eut-il d'autre but que de fixer un taux uniforme pour toute la France : ce taux était de la moitié en usufruit des biens du mari.

Les lois barbares autorisaient-elles les donations entre époux? Ce point est fort obscur, et la plupart des textes qui nous sont parvenus nous fournissent peu de renseignements; cependant M. Pardessus conclut de ses recherches que les donations entre époux devaient être permises chez les Francs-Saliens; elles eussent été irrévocables et consistant seulement en usufruit. Cette opinion présente toutes les apparences de la vérité; cependant le doute reste encore permis, car le texte de la loi salique est muet sur la question qui nous occupe.

D'autres lois barbares sont plus explicites : ainsi la loi Ripuaire autorise les donations entre mari et femme (loi des Francs Ripuaires, tit. 48); le Luitprand, qui est une loi lombarde, défendait au mari de rien donner à sa femme en dehors de la dot et du morgengabe (Luitprand, ch. 102);

la loi des Visigoths prohibait toute libéralité entre époux pendant la première année du mariage, d'où l'on peut conclure qu'elle les permettait ensuite.

Les seconds mariages étaient peu en faveur chez les Germains ; ainsi la loi salique attribuait aux enfants du premier lit, en cas de convol de la veuve, les biens qu'elle avait reçus de son premier mari; cela ne s'appliquait, toutefois, qu'aux biens que la femme avait reçus à titre de donation pendant le mariage ; car la femme remariée gardait sa dot, qui représentait le prix du *mundium*. (Loi salique, titre 7, *Capita extravagantia*.)

Quant au morgengabe, les textes sont contradictoires ; mais il était certainement perdu en cas de répudiation légitime de la femme ; M. Pardessus pense que, par analogie, l'on doit admettre que le convol faisait perdre à la femme le montant du morgengabe; la loi des Bavarois était, du reste, formelle en ce sens.

PAYS DE DROIT ÉCRIT ; PAYS DE COUTUME.

Avec l'invasion barbare, apparurent de nouvelles institutions, entr'autres le principe de la personnalité des lois ; les Germains appliquaient ce principe au vainqueur comme au vaincu. Ainsi, les Francs-Saliens, les Francs-Ripuaires, les Bourguignons continuèrent à vivre sous les lois qui [illegible] les régissaient; les Gallo-Romains ne cessèrent pas d'être régis par les lois romaines. Ce fut surtout dans le midi de la France que se conserva le droit romain avec le plus de persistance; cela tient à ce que cette région fut moins fortement pénétrée par l'invasion barbare.

Des princes barbares y publièrent des compilations tirées en grande partie du Code Théodosien. Tel fut le *Papien* chez les Burgondes, œuvre grossière et de peu de valeur : on pense communément que c'est un abrégé des œuvres de Papinien. Tel fut encore le *Bréviaire d'Alaric,* chez les Visigoths; ce recueil est plus complet que le *Papien* et d'un plus grand mérite; il resta en vigueur dans le midi de la France jusqu'au xe siècle, c'est-à-dire longtemps après la chute du royaume des Visigoths.

A cette époque, le droit personnel tend à disparaître : il se localise; cette transformation tient aux difficultés qui surgissaient, lorsqu'il s'agissait d'appliquer à chacun des plaideurs sa loi personnelle; il fallait que le juge connût toutes les lois de l'Empire franc; pour remédier à cet inconvénient, l'on composa des tribunaux mi-partie de Francs, mi-partie de Burgondes ou de Gallo-Romains : remède encore impuissant, car le juge pouvait se trouver aux prises avec des lois contradictoires; de là des conflits inextricables.

Cependant les lois de Gondebaud et de Sigismond décidaient qu'entre deux plaideurs dont le demandeur était un Burgonde, le procès devait être jugé d'après la loi Burgonde. La plupart des autres lois barbares n'avaient point réglé ce conflit; aussi, peu à peu on abandonna le principe de la personnalité des lois; dès lors, le droit devint territorial. Autour de chaque tribunal, il se forma une jurisprudence à laquelle on se conforma pour vider les procès; c'est ainsi que naquit notre premier droit coutumier; mais ce droit devait obéir à certaines influences; l'on conçoit, en effet, que là où les Germains s'étaient établis en plus grand nombre, les coutumes devaient surtout reproduire les principes germaniques, et que là où dominait l'élément gallo-romain, les procès devaient être jugés d'après le droit romain. Dès lors, sans distinguer l'origine, tout habitant fut régi par sa loi locale.

Au commencement du XIIe siècle, un grand fait se produit dans notre histoire : c'est la renaissance du droit romain. Le mouvement part d'Italie, et principalement de l'École de Bologne, où enseignait alors le professeur Irnérius. La prise d'Amalfi, en 1135, par Lothaire II, amène la découverte des Pandectes de Justinien et des Novelles. Sans discuter la question de savoir si cette découverte fût ou non pour quelque chose dans le grand mouvement qui se produisit à cette époque, il est certain que, dès ce moment, l'on voit des écoles nouvelles se fonder pour l'enseignement du droit romain : Placentin fut, en France, un des premiers professeurs de cette science.

L'étude du droit romain ne put cependant renverser complétement les coutumes déjà formées dans le Nord. Les idées germaniques y avaient germé et enfanté le système féodal. La France se trouva ainsi régie par deux législations n'ayant ni la même origine ni les mêmes tendances. Ce n'est pas à dire, toutefois, que, dans le Nord, l'on n'appliquait que la coutume, et que, dans le Midi, l'on n'appliquait que le droit romain ; mais tandis que, dans le Midi, la coutume ne faisait que compléter et faciliter l'application du droit romain ; dans le Nord, le droit romain ne suppléait à la coutume que comme raison écrite, et la violation d'un principe romain n'entraînait pas la cassation du jugement.

Après la renaissance du droit romain, les constitutions « Feminæ quæ, Generaliter et Hac « Edictali » furent appliquées aux donations entre époux dans le Midi ; une institution nouvelle s'introduisit, ce fut l'augment de dot ; l'on appelait ainsi une certaine somme que la femme prenait sur la succession de son mari ; l'augment de dot variait d'après la nature et la valeur de la dot elle-même : c'était ordinairement le tiers de la valeur de la dot si elle était immobilière, la moitié si elle était mobilière. L'augment de dot appartenait à la femme en toute propriété s'il ne restait pas d'enfants du mariage; dans le cas contraire, elle consistait en usufruit. (Argou, *Instituts*, IV, III, ch. 10.) Si c'était le mari qui survivait, il existait à son profit un droit analogue sur la dot de sa femme et que l'on appelait contre-augment ; il était soumis à peu près aux mêmes règles que l'augment. Au cas où la femme n'avait pas été dotée, il ne pouvait être question d'augment de dot ni de contre-augment; l'on appliquait alors la disposition de Justinien qui accordait au survivant un quart des biens composant la succession du prédécédé ; c'est ce que l'on appelait la quarte du conjoint pauvre. (Novelle 53, chap. VI.)

Premier droit coutumier français ; variété des coutumes sur la matière des donations entre époux.

Dans nos pays de coutume, il n'y avait rien d'analogue à l'augment de dot ni au contre-augment : la Novelle 53 de Justinien y était sans application ; c'est que dans ces pays la séparation des fortunes y était moins complète; la communauté des biens meubles et des conquêts immeubles assurait au conjoint le plus pauvre une portion de la fortune du plus riche. Cependant comme le mari était le maître de la communauté, qu'il pouvait la dissiper *contrahendo et delinquendo*, il fallait un contrepoids à ce pouvoir exorbitant : ce fut le douaire. Le douaire consistait en usufruit, il était conventionnel ou préfixe, c'est-à-dire que si les parties n'avaient pas fixé de douaire, elles étaient censées s'être référées au taux établi par la coutume. Notre premier droit coutumier français présente de grandes divergences en notre matière. Beaumanoir, sur la coutume de Beauvoisis, reconnaît la validité de la donation entre époux : « Il est costume bien approuvée que li « hom, toutes ces choses dessus dictés, post les- « sier à sa feme, ou la feme à son seigneur. » (*Coutume du Beauvoisis*, ch. XII.)

Pierre Desfontaines dans son ouvrage intitulé : *Conseil à un ami*, nous dit dans le même sens : « Ce qu'on peut laisser à estrange personne on « peut en laisser à un de ses enfans et à sa feme « meisme. » (*Conseil à un ami*, ch. XXXIII.) Nous voyons, au contraire, dans les établissements de saint Louis (*Etablissements de saint Louis*, ch. 112-114) et les assises de Jérusalem, Cour des Bourgeois (*Assises de Jérusalem*, ch. 15), que les donations entre époux étaient prohibées : « Bien sachés que nus hom ne puet « faire don à sa moulier puis que il l'a prise, se « il ne le faict à sa mort ou en son testament. » Ce fut, sans doute, l'influence du droit romain qui fit passer dans les assises et les établissements de saint Louis la prohibition des donations entre époux; les ouvrages de Pierre Desfontaines et de Beaumanoir ne contenaient, au contraire, aucun mélange de droit romain. Quant au don mutuel, il était depuis longtemps permis à cette époque; Jean Desmares dans ses Décisions (*Décision* 233e.), Bouteiller dans sa Somme rurale (*Somme rurale*, I, 99), en constatent l'usage. Le grand Coutumier portait : « Possumus invicem fa- « cere donationem mutuam omnium bono- « rum, quæ quidem donatio valet et tenet, non « exstantibus liberis, alias non. » (Livre II, chap. 33.)

En l'an 1453, Charles VII rendit à Montilz-les-Tours, une ordonnance en vertu de laquelle toutes les coutumes de France devaient être rédigées. Jusqu'alors, en effet, le droit n'avait reposé que sur la jurisprudence, sur des ordonnances et les ouvrages des jurisconsultes éminents; s'il y avait doute sur un point, le pays était interrogé sur l'usage : c'est ce que l'on appelait faire une enquête par turbes. L'ordonnance de Montilz-les-Tours avait trait à une foule de matières; mais son but principal était la rédaction des Coutumes. L'art. 125 portait que : « les procès sont allongés avec la Coutume et « augmentés à l'appétit du juge; le roi veut « mettre certaineté aux ordonnances; il veut, « en conséquence, que les Coutumes soient ré-

« digées par les gens de chaque pays; elles se« ront apportées au roi qui les décrétera. »

L'exécution de ce grand projet n'eut pas lieu immédiatement; Louis XI se montra peu soucieux, en général, de continuer la politique de son père; il ne fit point donner suite à l'ordonnance de Montilz-les-Tours. C'était au successeur de Charles VIII, Louis XII, qu'il était réservé de doter la France de sa première coutume officiellement rédigée. Le travail de rédaction se continua sous les successeurs de ce prince, et fut à peu près complétement terminé sous Henri III, c'est-à-dire au XVIe siècle.

La rédaction de la coutume d'un pays s'ouvrait par une ordonnance royale : cette ordonnance désignait des commissaires chargés de surveiller le travail futur; c'étaient quelquefois des magistrats tirés du Parlement de la contrée; mais, le plus souvent, c'étaient d'habiles praticiens appartenant au Parlement de Paris. Sous leur direction, des jurisconsultes de la contrée procédaient à la rédaction d'un projet : ce premier travail terminé, il était soumis à une assemblée composée des trois ordres : le clergé, la noblesse, la bourgeoisie. La discussion s'engageait alors sur le projet, en présence des commissaires; il subissait des amendements et était ensuite transmis au Conseil du roi; si le Conseil ne trouvait rien qui fît obstacle à l'homologation, la coutume était promulguée. En cas de réclamation d'un pays, il pouvait y avoir lieu à la rédaction d'une coutume locale différant en certains points de la coutume générale.

Deux magistrats du Parlement de Paris, de Thou et Liset, nommés commissaires, se distinguèrent par les lumières dont ils firent preuve dans la rédaction d'un grand nombre de coutumes; mais chacun d'eux apporta dans sa mission un esprit différent; ainsi, tandis que l'un appliquait à la rédaction de la coutume les *Principes* de Pierre Desfontaines et de Beaumanoir, ouvrages exempts de tout élément romain, l'autre suivait la marche tracée par les *Etablissements* de Saint-Louis et les *Assises* de Jérusalem, ouvrages, au contraire, mélangés de droit romain. D'autres commissaires firent ce qu'avaient fait de Thou et Liset : les uns adoptèrent un système purement coutumier, les autres un système reflétant le droit romain; ainsi s'explique la variété des décisions adoptées dans les coutumes sur un même point.

Pothier divise en quatre classes les coutumes qui réglaient diversement les donations entre époux :

1° La première classe comprenait les coutumes qui défendaient toutes donations, avantages directs ou indirects entre mari et femme pendant le mariage, celles par testament aussi bien que celles entre vifs. A cette première classe appartenaient les coutumes de Paris, d'Orléans, et le plus grand nombre des coutumes ; elles ne permettaient qu'une seule sorte de libéralité entre époux : le don mutuel.

2° La seconde classe comprenait les coutumes qui défendaient les donations entre époux en général, mais permettaient, outre le don mutuel, les donations testamentaires. Ces coutumes variaient elles-mêmes entre elles sur l'étendue de cette faculté.

3° — La troisième classe de coutumes comprenait celles qui, outre le don mutuel et les libéralités testamentaires, permettaient les donations entre vifs simples, conformément aux principes du droit romain, c'est-à-dire à titre de donations à cause de mort.

L'ordonnance de 1731 ayant établi (art. 3) qu'il n'y aurait plus, à l'avenir, que deux manières de disposer à titre gratuit : la donation entre vifs et les testaments, on agita la question de savoir si elle avait entendu supprimer la donation entre époux, qui, d'après les principes de la législation romaine postérieure à Caracalla, n'était autre qu'une donation à cause de mort.

Pothier était de cet avis; et, comme conséquence de son opinion, il faisait rentrer les coutumes de la troisième classe dans la seconde; nous savons, toutefois, que les Parlements des pays de droit écrit se refusèrent à l'enregistrement de l'ordonnance de 1731, et qu'ils n'en continuèrent pas moins à appliquer le droit romain aux donations entre époux.

Quatrième classe. — La quatrième classe de coutumes comprenait celles qui, outre les dispositions ci-dessus, permettaient à l'un des conjoints par mariage de faire à l'autre une donation entre vifs simple, sous certaines restrictions : ainsi la coutume d'Angoumois permettait les donations de cette nature en usufruit sur tous les meubles et acquêts ; quant aux propres, elle ne permettait d'en disposer que jusqu'à concurrence du tiers ; cette dernière sorte de donation ne pouvait également consister qu'en usufruit, et n'était permise qu'à défaut d'enfants issus du mariage.

La coutume de Noyon se montrait encore plus favorable; elle permettait de donner les meubles et acquêts en propriété et la moitié des propres en usufruit. Enfin, d'autres coutumes permettaient aussi la donation entre vifs entre époux d'une manière irrévocable, mais avec d'autres restrictions qu'il serait trop long d'énumérer.

La faculté de disposer entre époux était-elle de statut réel ou de statut personnel ?

Ricard voyait là une question de capacité et, par suite, il décidait que la faculté de se donner entre époux était de statut personnel. Pothier pensait, au contraire, avec raison selon nous, que ces questions étaient de statut réel; en effet, elles avaient trait à la disposition des biens : or, c'est là le caractère des lois appartenant au statut réel.

Il n'en était ainsi toutefois que pour les immeubles, car les meubles n'ayant point d'assiette fixe, leur disponibilité restait régie par la loi du domicile de leur propriétaire.

La coutume de Paris formait par son importance le droit commun des coutumes; c'était à ses dispositions que l'on se référait en cas de silence des autres coutumes. A ce titre elle mérite d'être étudiée spécialement.

L'art. 282 de la coutume de Paris était ainsi conçu : « Homme et femme conjoints par mariage, constant icelui, ne se peuvent avantager « l'un l'autre par donation entre vifs, testament « ou ordonnance de dernière volonté, ne autrement, directement ne indirectement, sinon par « don mutuel comme dessus. »

SECTION PREMIÈRE.

§ 1er. *Personnes atteintes par la prohibition.*

La coutume nous dit : 1° Homme et femme conjoints par mariage; elle comprend tous les conjoints par mariage communs en biens ou séparés de biens. 2° Etaient encore atteintes par la prohibition les personnes dont le mariage était annulable tant que la nullité n'en avait pas été prononcée ; il est vrai qu'entre ces personnes on eût pu dire à la rigueur que, puisqu'il n'y avait pas mariage valable, la donation devait être permise ; mais il ne fallait pas, disait-on comme autrefois à Rome, permettre aux époux de se faire une position meilleure en violant la loi.

Pothier exprimait cette idée en disant que la prohibition atteignait tous ceux qui se portaient comme mari et femme. (*Traité des donations entre époux*, n° 30.)

La prohibition s'étendait aussi aux concubins : Don de concubin à concubine ne vaut. (Art. 132, Ord. de 1629). L'incapacité subsistait même après la cessation du concubinat, mais si les concubins se mariaient à d'autres personnes, ils recouvraient leur ancienne capacité. Par exception la jurisprudence admettait la validité de la donation faite à la concubine mère d'un enfant du donateur.

§ 2 *Avantages prohibés par la coutume de Paris.*

1° *Avantages directs.* — Les avantages directs pouvaient avoir lieu, soit par donations entre vifs, soit par testament. Ils étaient prohibés entre époux. La défense comprenait non seulement les donations d'immeubles, mais encore les donations de meubles. Il était fait exception pour les cadeaux et présents d'usage que des époux ont coutume de se faire entre eux. A l'instar du droit romain ce n'était pas seulement la donation de la pleine propriété qui était prohibée entre époux, mais encore la donation d'usufruit. La restitution anticipée de la dot, la remise gratuite d'une dette, d'une servitude ou d'un droit d'hypothèque constituaient ainsi qu'en droit romain des donations prohibées. Notre droit coutumier se montrait même plus sévère en cette matière que les lois romaines, car il ne permettait pas la donation en raison de quelque dommage éprouvé par le donataire; il ne permettait pas la donation testamentaire.

§ 3. *La sanction de la prohibition était la nullité; mais les effets de cette nullité variaient avec les différentes espèces de donations; l'on pouvait distinguer six principales hypothèses.*

Première hypothèse. — La donation était immobilière, il y avait eu tradition; malgré cette tradition, la donation n'en était pas moins nulle tant au regard du donateur que du donataire; l'action en revendication était ouverte au profit du donateur ou de ses héritiers. Cette action pouvait être dirigée aussi bien contre les tiers acquéreurs que contre le donataire lui-même ou ses héritiers, avec cette différence toutefois que tandis que ces derniers ne pouvaient opposer aucune exception tirée de la prescription, cette fin de non recevoir pouvait être invoquée par les tiers.

La restitution de l'immeuble entraînait la restitution de tous les fruits perçus par le donataire, sans distinguer entre les fruits naturels et les fruits industriels; toutefois le possesseur de bonne foi ne devait compte que des fruits perçus depuis la demande; mais alors le revendiquant pouvait réclamer au donataire ou à ses héritiers la valeur des fruits antérieurement perçus.

En cas de dégradations de l'immeuble donné, il en était tenu compte au donateur ou à ses héritiers; réciproquement le donataire ou les tiers détenteurs avaient le droit de réclamer le montant des dépenses nécessaires. Quant aux dépenses utiles, ils n'y avaient droit que jusqu'à concurrence de l'amélioration qu'elles avaient produite; ils avaient à cet effet un droit de rétention sur l'immeuble revendiqué, et, en outre, une action personnelle dans le cas où ils avaient abandonné la possession de l'immeuble.

Deuxième hypothèse. — La donation était mobilière. Le donateur pouvait alors, soit exercer la revendication, soit intenter une action personnelle contre le donataire ou ses héritiers. Toutefois la revendication n'était possible qu'autant que l'objet donné était resté en nature entre les mains du donataire ou de ses héritiers.

Ceux-ci ne pouvaient invoquer aucune prescription, car ils étaient assimilés à des possesseurs de mauvaise foi.

La revendication pouvait être dirigée contre les tiers détenteurs si l'objet donné existait encore en nature entre leurs mains; mais alors on revenait aux règles ordinaires; l'action du donateur pouvait être repoussée lorsqu'il y avait eu usucapion par le laps de trois ans. Hors ce cas, le tiers détenteur était évincé, qu'il fût ou non de bonne foi; cependant s'il prouvait qu'il détenait la chose par suite d'un achat dans un marché public, il n'était tenu de restituer cet objet qu'autant que l'on lui offrait le montant de ses dépenses. (Nous nous plaçons à une époque où la maxime en fait de meubles possession vaut titre n'était pas encore admise; elle ne passa dans notre droit coutumier que vers le 18e siècle; elle fut le résultat de la jurisprudence du Châtelet de Paris).

Si la revendication était impossible soit par suite de l'extinction de la chose, soit parce que la donation consistait en une somme d'argent, le donateur avait alors contre le donataire ou ses héritiers une action personnelle basée sur le prix d'estimation.

Troisième hypothèse. Donation d'une chose incorporelle. — La cession d'une créance que l'un des époux faisait à l'autre ne produisait aucun effet; la signification du transport faite aux tiers cédé n'empêchait pas que ce dernier ne pût valablement payer entre les mains du donateur. Si le débiteur payait aux mains du donataire, le paiement était valablement fait; l'on considérait la signification du transport faite au débiteur comme un ordre de payer aux mains du donataire; mais alors il restait au donateur la ressource de l'action personnelle dont nous avons parlé ci-dessus. (Pothier, Donat. entre mari et femme, n° 70).

Si au lieu de la cession d'une créance nous supposons la donation d'une servitude entre conjoints, le donateur pouvait empêcher l'exercice par l'action *negatoria servitutis*.

Quatrième hypothèse. Remise d'une dette. — Cette remise n'avait aucun effet, le conjoint conservait son action; il en était de même au cas de la remise d'un droit quelconque.

Cinquième hypothèse. Promesse non suivie d'exécution. — Une telle promesse ne produisait aucune obligation. Remarquons toutefois que lorsque l'héritier du promettant payait volontairement au donataire la somme promise, il n'y avait pas lieu à répétition : l'on présumait que l'héritier avait voulu obéir aux volontés de son auteur.

Sixième hypothèse. Libéralité testamentaire. — La solution étant la même dans cette hypothèse que dans la précédente, l'époux légataire n'avait pas d'action contre l'héritier de son conjoint, mais le paiement exécuté volontairement ne donnait pas lieu à répétition.

Donations indirectes.

Pothier, au chapitre II de son Traité *des donations*, distingue quatre classes d'avantages indirects entre mari et femme.

Première classe. — Elle comprend les avantages résultant de contrats mi-partie à titre onéreux, mi-partie à titre gratuit; ce sont ceux que l'on peut réellement appeler des *donations indirectes.*

Deuxième classe. — La deuxième classe comprend une série d'actes possibles entre époux, et qui sont tout entiers à titre gratuit malgré le masque qui les couvre : nous les appellerons des *donations déguisées.*

Troisième classe. — Dans la troisième classe viennent se ranger les donations par personnes interposées.

Quatrième classe. — Enfin, nous parlerons en quatrième lieu des donations faites aux enfants issus d'un précédent mariage.

Première classe. — Toute convention entre époux qui présentait quelqu'avantage prohibé était nulle pour le tout : Dumoulin, sur l'art. 256 de la coutume de Paris, posait cette maxime : *Nullum contractum etiam reciprocum facere possunt nisi ex necessitate.*

La coutume de Normandie disait également, art. 410, « Gens mariés ne peuvent céder : donner « ou transporter l'un à l'autre quelque chose que « ce soit; ni faire contrats ou concessions par « lesquels les biens de l'un viennent à l'autre en « tout ou en partie. »

De même dans la coutume de Nivernais, art. 27 : « Gens mariés, constant leur mariage, ne « peuvent contracter au profit l'un de l'autre. »

Deuxième classe. — Actes renfermant des avantages indirects défendus entre mari et femme.

La reconnaissance d'un apport mobilier plus ou moins fort qu'il ne l'est réellement, la répudiation d'une succession, étaient autant d'actes tombant sous le coup de la prohibition.

Cependant au cas de répudiation d'un legs, Pothier ne voyait pas là un avantage prohibé ; la raison qu'il nous paraît donner à l'appui de sa décision, c'est que dans le cas d'un legs, il s'agit d'une libéralité à laquelle l'on est seulement appelé par la volonté de l'homme; en y renonçant, on laisse aller le cours naturel des choses.

Troisième classe. — Notre droit coutumier ne nous présente pas comme en droit romain l'unité de personnalité entre les membres de la même famille; mais nous y rencontrons des présomptions d'interposition de personnes. Ainsi, la Coutume du Bourbonnais portait, art. 226 : « Le « mari, durant le mariage, ne peut faire aucune

« association, donation, ni autre contrat au pro-
« fit de sa femme, enfants de ladite femme
« d'autre lit auxquels elle devra succéder immé-
« diatement, *nec a contra*, la femme au mari, à
« ses enfants ou autres, auxquels le mari devra
« succéder. »

La Coutume d'Auvergne, art. 28, défendait également tout contrat entre l'un des époux et l'un des parents quelconque dont l'autre époux était l'héritier présomptif.

Dans les Coutumes qui ne s'étaient pas expliquées sur ce point, l'on regardait comme personnes interposées les père et mère des époux, ainsi que les enfants qu'ils avaient eus d'un précédent mariage.

Quatrième classe. — La Coutume de Paris se montrait moins rigoureuse; elle n'admettait qu'un seul cas de présomption légale d'interposition de personnes :

L'art. 283 de cette Coutume était ainsi conçu : « Ne peuvent lesdits conjoints donner aux enfants « l'un de l'autre d'un précédent mariage, au cas « qu'ils, ou l'un d'eux, aient des enfants. » En vertu de cet article, les enfants d'un premier lit étaient les seules personnes présumées interposées; et encore cette présomption n'existait-elle que si le donateur avait lui-même des enfants.

SECTION II.

Don mutuel.

Pothier définit le don mutuel : « Un don entre « vifs, égal et réciproque que deux conjoints par « mariage se font réciproquement l'un à l'autre, « à défaut d'enfants de l'un et de l'autre, et en « cas de survie, de l'usufruit des biens de leur « communauté, aux charges portées par les Cou- « tumes. »

Le don mutuel se retrouve dans presque toutes nos Coutumes ; quelques-unes cependant faisaient exception à la règle générale ; telle était la Coutume de Chartres dont l'art. 14, titre 3, était ainsi conçu : « Don mutuel n'a point lieu, et « ne peuvent deux conjoints par mariage donner « aucune chose l'un à l'autre. »

La Coutume d'Auvergne rejetait aussi le don mutuel, elle permettait au mari de donner à sa femme, mais non la femme au mari, de quelque manière que ce fût. La Coutume de Dunois ne permettait que le testament mutuel. Enfin la Coutume de Normandie défendait à « gens ma- « riés de se céder, donner ou transporter l'un à « l'autre quelque chose que ce fût, directement « ou indirectement » (art. 410). Sauf ces Coutumes, le don mutuel était de droit commun en France. L'origine de cette institution remonte aux premiers temps de notre histoire nationale. Deux formules de Marculfe nous prouvent que le don mutuel était déjà en usage sous les rois de la première race. Le don mutuel se perd ensuite dans la nuit des temps; on le voit reparaître dans les ouvrages des treizième et quatorzième siècles; tels sont : les Coutumes notoires du Châtelet de Paris, les décisions de Jean Desmares (285') et le grand coutumier de Charles VI (II, ch. 33).

Le but du don mutuel était essentiellement favorable au développement de la communauté; il intéressait chaque époux à la conservation et à l'extension des biens communs, en lui permettant d'espérer en cas de survie la jouissance totale de tout ou partie des biens de la communauté. Pothier nous présente huit variétés de coutumes sur le don mutuel, mais elles peuvent se ramener à trois catégories principales.

Première catégorie : Différences quant aux conditions exigées pour que le don mutuel fût possible entre époux.

Les coutumes de Paris et d'Orléans ainsi que le droit commun des coutumes exigeaient que les époux n'eussent pas d'enfants; d'autres, au contraire, le permettaient en tous les cas, qu'il y eût des enfants ou non; telles étaient les coutumes de Reims, Péronne et plusieurs autres. La coutume de Paris exigeait, en outre, une égalité parfaite dans le don mutuel; celles d'Auxerre, de

Nivernais exigeaient une certaine égalité d'âge; la différence d'âge entre les époux ne devait pas excéder dix ans d'après la seconde de ces coutumes, et quinze ans d'après la première; d'autres coutumes enfin, exigeaient que le conjoint ne se remariât pas, telles étaient celles de Bretagne et de Châteauneuf.

Deuxième catégorie : Différences quant à l'étendue du don mutuel.

Les coutumes de Paris, Orléans et le plus grand nombre des coutumes restreignaient le don mutuel à l'usufruit des biens de la communauté. d'autres permettaient de donner en propriété les meubles et acquêts; quelques-unes permettaient même de disposer de l'usufruit des propres.

Troisième catégorie : Différences quant à la saisine du don mutuel.

La coutume de Paris n'accordait pas au donataire la saisine du don mutuel ; il devait en demander la délivrance; quelques coutumes, au contraire, lui accordaient une saisine de plein droit. Enfin les coutumes de Paris et d'Orléans exigeaient que le donataire mutuel fournît bonne et suffisante caution ; la coutume du grand Perche, au contraire, se contentait d'une caution juratoire, enfin la coutume de Blois n'exigeait de caution que dans le cas de nouveau mariage.

Telles sont les divergences que nos anciennes coutumes présentaient sur le don mutuel ; désormais, ce sera la coutume de Paris que nous prendrons pour guide dans l'étude de cette matière.

Coutumes de Paris : *art.* 280 ; « Hommes et « femme conjoints par mariage, étant en santé, « peuvent et leurs loist faire donation mutuelle « l'un à l'autre également de tous leurs biens, « meubles et conquêts faits durant et constant « leur mariage, et qui sont trouvés à eux appar- « tenir et être communs entre eux à l'heure du « trépas du premier mourant des dits conjoints, « pour en jouir par le survivant d'iceux conjoints, « sa vie durant seulement, en baillant par lui « caution suffisante de restituer les biens après « son trépas ; pourvu qu'il n'y ait enfants, soit « des deux conjoints ou de l'un d'eux, lors du « décès ou premier mourant. »

Le don mutuel était un contrat de bienfaisance; mais si Pothier et la majorité des auteurs le décidaient ainsi, c'est qu'ils tenaient compte avant tout de l'intention des parties. Ricard, au contraire, laissant ce point de vue de côté, examinait la nature de ce contrat en lui-même : Chacun des époux disait-il, donne à l'autre une espérance, en échange d'une autre espérance, chacun des époux reçoit autant qu'il donne; c'est donc là un contrat commutatif à titre onéreux. L'opinion de Ricard était rejetée par la majorité des auteurs.

§ 1er. *Caractères du don mutuel.*

Irrévocabilité, égalité de dons, égalité d'espérances; tels sont les trois caractères essentiels du don mutuel dans la coutume de Paris :

1° *Irrévocabilité :* La faculté de révoquer était interdite aux époux ; une telle clause insérée dans le contrat de donation mutuelle était nulle et entraînait avec elle la nullité de la convention elle même. Ce n'est pas à dire toutefois que le don mutuel privât le donateur de la faculté de disposer absolument des objets ; Pothier lui reconnaît cette faculté; mais pourvu que ce ne fût pas en fraude du don mutuel.

2° *Égalité de dons, égalité d'espérances* : ces deux conditions étaient, comme l'irrévocabilité, exigées à peine de nullité, de la convention tout entière.

§ 2. *Conditions du don mutuel.*

1° Les parties devaient avoir la qualité de mari et femme; la coutume de Paris disait, en effet : *Homme, femme conjoints par mariage*. En cas de nullité du mariage, le don mutuel subissait le même sort : *cessante causa, cessat effectus*.

Deuxième condition — Les conjoints devaient

être mariés sous le régime de communauté; article 280 de la coutume de Paris). Si les époux étaient mariés sous le régime de la séparation de biens ou d'exclusion de la communauté, le don mutuel était impossible; de même, lorsque la communauté de biens avait été dissoute pour faire place à une séparation de biens judiciaire.

Troisième condition. — Une troisième condition exigée par la coutume de Paris était l'égalité de santé. Une donation faite pendant une maladie grave était nulle, lorsque cette maladie était de nature à faire pressentir la fin prochaine de l'un des époux. Mais si le donateur revenait à la santé, la nullité pouvait-elle être couverte par son silence? Ricard penchait pour l'affirmative; Pothier pour la négative en vertu du principe : *Quod nullum est ab initio non potest confirmari.* (*Traité des donations entre mari et femme*, n° 151.)

Quatrième condition. — Les époux ne devaient pas laisser d'enfants lors de l'ouverture du don mutuel; la naissance même d'un posthume révoquait de plein droit la libéralité. L'on ne comptait comme enfants faisant obstacle à la confirmation du don mutuel que ceux habiles à succéder; le mort civilement, l'enfant naturel, l'enfant justement exhérédé étaient inexistants aux yeux de la loi.

§ III. *Formes et objets du don mutuel.*

Le don mutuel était soumis à la plupart des formalités exigées en matière de donations ordinaires. Ainsi : 1° Il devait être fait par acte devant notaires et en minute; la forme sous seing-privé eût fourni un moyen trop facile pour les époux de frauder la loi en faisant le don pendant la dernière maladie de l'un d'eux. Quant à la forme minutée, elle était exigée afin d'assurer l'irrévocabilité du don mutuel;

2° Le don mutuel devait être fait par un seul et même acte. Ricard pensait cependant qu'il devait être permis de le faire par actes séparés : (Traité du don mutuel, n° 135-136)

Le même auteur admettait avec raison que la femme n'avait pas besoin de l'autorisation maritale pour faire le don mutuel. Pothier était de l'avis contraire;

3° Le don mutuel devait être insinué : (art. 284, de la coutume de Paris. L'on peut s'étonner de l'exigeance de cette formalité; l'insinuation était, en effet, une mesure de publicité exigée dans l'intérêt des tiers ou des créanciers du donateur. Or, le don mutuel portait sur l'actif que le donateur devait laisser à son décès; par sa nature il ne pouvait donc nuire ni aux tiers acquéreurs à titre onéreux, ni aux créanciers du donateur;

il y avait cependant une classe de personnes encore intéressées à ce qu'il y eût insinuation : c'étaient les héritiers du donateur.

En effet, bien que le donataire mutuel fût assujéti à une partie des charges de la succession, proportionnellement à la valeur de la libéralité, il n'en est pas moins vrai que l'usufruit du donataire était par lui-même une charge qui grevait les biens de la succession; or, il est évident que les héritiers devaient toujours avoir intérêt à connaître le jour où la pleine propriété allait leur être assurée; l'insinuation leur était encore utile à deux points de vue :

1° La succession du donateur prédécédé pouvait contenir des propres; ces propres pouvaient être grevés de dettes; c'est alors que se présentait l'intérêt des héritiers; il leur importait de savoir s'il existait ou non un don mutuel; car s'il y en avait un, ils devaient faire l'avance des dettes relatives aux propres; s'il n'y en avait pas au contraire, ils pouvaient payer les dettes des propres avec les biens de la communauté.

En cette hypothèse les héritiers de l'époux donateur avaient intérêt à connaître l'existence du don mutuel : l'insinuation leur était donc utile;

2° Elle présentait un autre intérêt en ce qu'elle prévenait une fraude possible?

En effet, lorsqu'il y avait estimation, elle devait

avoir lieu au greffe du domicile des époux; eh bien, si cette formalité n'eût pas été exigée, le mari eût pu faire passer l'acte de don mutuel par un notaire inconnu à sa femme, et la mettre ainsi dans l'impossibilité d'en retrouver la trace.

Le don mutuel pouvait-il être révoqué par l'une des parties lorsqu'il n'y avait pas eu insinuation?

L'art. 284 de la coutume de Paris exigeait qu'il y eût insinuation dans le délai de quatre mois; il ajoutait : après laquelle insinuation le don mutuel n'est révocable, sinon du consentement des deux parties. A prendre ce texte à la lettre, on devait décider, *a contrario*, que tant que l'insinuation n'était pas intervenue, le don mutuel restait révocable au gré de l'une des parties. Ce n'est pas ainsi, pourtant, qu'on l'entendait. Ricard combattait le raisonnement ci-dessus, en disant que rien n'est moins concluant qu'un argument *a contrario;* qu'il faut un texte formel pour faire exception au principe qu'un donateur n'est pas recevable à opposer lui-même, contre sa donation, le défaut d'insinuation. Pothier était du même avis; il faisait remarquer, en outre, que l'ordonnance de 1731, art. 17, ne faisait aucune distinction, lorsqu'elle décidait d'une manière générale que le donateur ne pouvait opposer le défaut d'insinuation.

Le don mutuel était donc parfait dès qu'il avait

été consenti, et il n'était plus révocable que du consentement mutuel des époux, avant comme après l'estimation; mais alors, on peut se demander quelle pouvait être l'utilité du délai de quatre mois accordé par la coutume. Elle consistait en une cause de déchéance contre le mari, lorsque sa femme mourait la première après ce délai, sans qu'il y eût eu insinuation; les héritiers de la femme pouvaient alors lui opposer le défaut de cette formalité; si, au contraire, la femme était décédée avant l'expiration du délai de quatre mois, le mari avait le reste du délai pour faire l'insinuation. Dans le cas où c'était le mari qui prédécédait sans qu'il y eût eu insinuation, peu importait l'époque de son décès; ses héritiers ne pouvaient opposer à la femme le défaut d'insinuation. Cette différence entre le mari et la femme tenait à ce que le mari, comme chef de la communauté, était obligé de remplir la formalité de l'insinuation; s'il ne le faisait pas, la femme ne devait point souffrir de sa négligence. Le défaut d'insinuation pouvait donc nuire au mari, jamais à la femme. Telles étaient les formalités en matière de don mutuel; la forme notariée et l'insinuation lui étaient communes avec la donation ordinaire; la nécessité d'un seul et même acte lui était seule particulière. Le don mutuel était vu dans nos coutumes d'un œil favorable. Cette faveur se manifestait par la dispense de certaines autres formalités exigées en matière de donations ordinaires. Ainsi : 1° tandis que, en matière ordinaire, une donation n'était valable qu'autant qu'elle avait été acceptée d'une manière expresse, l'acceptation tacite était suffisante pour le don mutuel.

2° Toute donation devait être suivie d'un dessaisissement du donateur : il s'opérait par une tradition réelle ou fictive selon les cas ; cette formalité n'avait pas raison d'être en matière de don mutuel, car nous savons qu'il n'était autre chose qu'un gain de survie, laissant le donateur maître de disposer à titre onéreux.

Ouverture du don mutuel; ses charges, son extinction.

Ouverture du don mutuel. — Le don mutuel s'ouvrait par la mort de l'un des époux. On s'est demandé si la mort civile devait produire le même effet. Cette question fut résolue dans le sens de la négative, par un arrêt rendu sous Henri II, en 1549 ; dans cet arrêt, il était décidé que la mort civile ne pouvait être assimilée à la mort naturelle, et que cette dernière seule devait donner lieu à l'ouverture du don mutuel. Cette jurisprudence fut suivie par la doctrine, comme nous l'atteste Ricard, qui nous rapporte l'arrêt ci-dessus, en l'approuvant.

Il n'en fut ainsi, toutefois, que jusqu'en 1747,

époque à laquelle fut rendue l'ordonnance sur les substitutions ; cette ordonnance, due au chancelier d'Aguesseau, décidait que la mort civile donnerait lieu à l'ouverture des substitutions. Ce fut de cette disposition que l'on argumenta, pour dire que le don mutuel devait être également ouvert par la mort civile de l'un des époux.

2° *Effets du don mutuel.* Lorsque le don mutuel était ouvert, l'époux survivant devenait propriétaire d'un droit d'usufruit sur les biens compris dans le don mutuel; mais il n'en avait pas l'exercice : il avait la possession de droit, mais non de fait; pour l'obtenir, il devait s'adresser aux héritiers du défunt, et leur demander délivrance des objets compris dans le don mutuel. C'est ce que disait la coutume de Paris dans l'art. 284 : « Don mutuel de soi ne saisit, ains « est sujet à délivrance. »

Cependant, lorsque le don mutuel avait été fait par contrat de mariage, l'époux survivant était saisi de plein droit du jour du décès de son conjoint. Sauf ce cas, le donataire devait demander la délivrance aux héritiers ; en vain les époux établissaient-ils dans l'acte de don mutuel des clauses de désaisine-saisine, ou de constitut, ces clauses n'avaient aucune valeur. Pothier nous donne le motif de cette décision ; il nous fait remarquer, en effet, que la nature des choses s'opposait à ce que les clauses de désaisine-saisine ou de constitut, pussent s'appliquer au don mutuel; car il ne portait que sur les biens laissés par le prémourant; la consistance de ces biens était quelque chose d'indéterminé; il était donc impossible que le donataire pût s'en dessaisir dès le temps de la donation. « Pothier, n° 200. *Traité des donations entre époux.*

Lors de sa demande en délivrance, le donataire devait en même temps présenter caution; c'est ce que disait l'art. 285 de la coutume de Paris : « Le donataire mutuel ne gagne les fruits « que du jour qu'il a présenté caution suffisante, « et demeurent les fruits à l'héritier, jusqu'à « ladite caution présentée; laquelle il peut pré- « senter en jugement dès la première assigna- « tion. »

Le donataire mutuel ne pouvait prétendre aux fruits tant que cette caution n'avait pas été présentée; il n'était pas nécessaire pour cela que la caution fût préalablement justifiée suffisante; la longueur des procédures, et des chicanes soulevées par les héritiers sur la solvabilité de la caution eussent retardé trop longtemps la jouissance du donataire mutuel; mais la question pouvait en être soulevée; et si en réalité la caution était jugée insuffisante, l'époux usufruitier devait en fournir une autre; s'il ne satisfaisait pas immédiatement à cette obligation, les héritiers rentraient en possession et percevaient provisoirement les fruits pour leur compte.

L'on s'est demandé si les époux pouvaient, en se faisant un don mutuel pendant le mariage, se décharger de l'obligation de donner caution. La solution de cette question ne pouvait être douteuse: il est bien certain, en effet, que toute donation étant prohibée entre époux sauf le don mutuel, il ne pouvait être permis aux époux de se donner autrement que de la manière indiquée par la Coutume ; par exception, cette faculté leur était ouverte lorsque le don mutuel avait lieu par contrat de mariage ; nous avons déjà vu plus haut qu'ils pouvaient aussi, de cette façon, se dispenser de l'obligation de demander délivrance aux héritiers. La raison de ces différences entre le don mutuel par contrat de mariage et celui fait pendant le mariage est facile à saisir ; il était, en effet, au pouvoir des futurs époux de se faire, par contrat de mariage, telles donations que bon leur semblait ; ils pouvaient se donner leurs biens en toute propriété ; à plus forte raison lorsqu'ils ne se les donnaient qu'en usufruit, devaient-ils pouvoir se dispenser de la caution : Qui peut le plus, peut le moins.

3° *Charges du don mutuel.* — Outre les charges d'un usufruit ordinaire, le don mutuel était assujetti à certaines charges particulières. L'article 236 de la Coutume de Paris, portait : « Le

« donataire mutuel est tenu d'avancer et payer « les obsèques et funérailles du premier décédé, « ensemble la part et moitié des dettes commu- « nes dues par ledit premier prédécédé; les- « quelles obsèques et funérailles et moitié des « dettes lui doivent être déduites sur la part et « portion dudit premier prédécédé; toutefois, « n'est tenu de payer les legs et autres disposi- « tions testamentaires. »

En vertu de cet article, le donataire mutuel devait payer et avancer : 1° les obsèques et funérailles de son conjoint; 2° la moitié des dettes portant sur la part de communauté du prédécédé. Cette avance lui était restituée à la fin de l'usufruit, mais en capital seulement; les intérêts des sommes déboursées restaient à sa charge; quiconque, en effet, prend une quote-part des biens d'une succession doit supporter une part correspondante des dettes; mais comme l'émolument du donataire mutuel ne consistait qu'en usufruit, il ne devait supporter que les intérêts des dettes. Si le donataire mutuel laissait faire cette avance aux héritiers de son conjoint, il devait leur tenir compte des intérêts du capital déboursé, soit annuellement, soit à la fin de l'usufruit.

Si aucun d'eux ne voulait faire l'avance, les créanciers avaient le droit de faire vendre les biens de la succession jusqu'à concurrence du montant de leurs créances : les héritiers perdaient alors une partie de la nue-propriété, le donataire, une partie de son usufruit.

Il est certain que si le don mutuel portait sur une quote-part moindre que la moitié de la communauté, le donataire ne supportait qu'une part proportionnelle des dettes. Quant aux frais et funérailles, malgré les termes de la Coutume, le donataire mutuel les supportait d'une manière définitive.

4° *Extinction du don mutuel.* — L'usufruit du donataire mutuel s'éteignait par sa mort et tous les autres modes établis en matière d'usufruit ordinaire.

Le convol en secondes noces ne faisait pas perdre au survivant le droit à cet usufruit ; la clause même, par laquelle il était dit que le don mutuel était établi pour aider le survivant pendant sa viduité ; ne faisait pas perdre le don mutuel au donataire qui contractait un nouveau mariage ; il n'y avait pas là, comme le disait Ferrière, approuvé en cela par Pothier, une condition imposée à l'existence de la donation, mais seulement l'énonciation de la cause impulsive qui avait porté les époux à se faire le don mutuel.

Après l'extinction de l'usufruit du donataire, les héritiers du prédécédé rentraient de plein droit dans la pleine propriété des biens faisant l'objet du don mutuel. Si lors de leur entrée en jouissance, il y avait des fruits pendants par branches ou par racines, ils avaient droit de les percevoir à la charge toutefois de rembourser à la succession du donataire les frais de labour, semences et autres travaux de culture.

Don mutuel dans le contrat de mariage des enfants.

L'art. 281 de la coutume de Paris portait : « Père et mère, mariant leurs enfants, peuvent convenir que leursdits enfants laisseront jouir le survivant desdits père et mère des meubles et conquêts du prédécédé, la vie durant du survivant, pourvu qu'ils ne se remarient, et n'est réputé tel accord, avantage entre lesdits conjoints. »

Cette disposition était un moyen pour les époux qui avaient des enfants de se faire un don mutuel. Elle était vue d'un œil favorable, car elle tendait à faciliter les mariages en engageant les parents à marier leurs enfants avec une dot. La convention qui intervenait en pareil cas entre les époux et l'enfant présentait un double aspect ; d'une part, les époux convenaient entre eux de se donner mutuellement jouissance de tout ou partie des biens composant la communauté ; d'autre part, l'enfant stipulait une dot de ses parents, et s'engageait à ne pas demander le partage des biens communs. Cette clause insérée dans le contrat de mariage de l'enfant ne produisait pas un effet absolu; l'enfant restait libre lors du décès du prémourant de demander le partage de la communauté; mais alors il devait restituer la dot, ou l'imputer sur sa part de succession.

Nous allons indiquer brièvement : 1° Les ressemblances de ce don mutuel avec le don ordinaire; 2° Ses différences :

1° *Ressemblances.* — Le don mutuel au cas d'enfants ressemblait au don mutuel ordinaire : 1° en ce qu'il était soumis comme lui aux conditions de réciprocité et d'égalité; 2° les époux devaient être communs en biens, comme dans le cas de don mutuel ordinaire; 3° il ne consistait également qu'en usufruit;

2° *Différences.* — Le don mutuel de l'article 280 pouvait avoir lieu, soit par contrat de mariage, soit pendant le mariage; celui, au contraire, de l'art. 281 ne pouvait avoir lieu que dans le contrat de mariage des enfants;

Le don mutuel ordinaire n'était permis qu'à la condition que le prémourant ne laissât aucun enfant survivant; celui de l'art. 281 supposait, au contraire, nécessairement que les époux laissaient des enfants;

Le convol en secondes noces n'entraînait pas perte du don mutuel ordinaire; il en était autrement du don mutuel établi par l'art. 281 : pourvu qu'ils ne se remarient, disait la coutume.

Le don mutuel de l'art. 281 ne pouvait avoir

lieu que par le contrat de mariage des enfants. Les père et mère devaient constituer une dot, quelque minime qu'elle fût, pourvu cependant qu'elle ne fût pas dérisoire. (Poth., n° 269).

La constitution de dot devait être faite conjointement par les père et mère ; Pothier nous en donne la raison ; la coutume voulait récompenser les parents de la dot qu'ils constituaient à leur enfant; or celui qui n'en donnait aucune n'avait pas le droit de stipuler la part de l'autre conjoint dans les biens communs, et s'il ne le pouvait pas, l'autre conjoint ne le pouovait pas non plus ; car il était de l'essence du don mutuel que si l'une des deux donations n'était pas valable, elle entraînait la nullité de l'autre. (Pothier, n° 270).

Le mot *enfants* dont se servait l'art. 281 comprenait-il les petits-enfants? Les père et mère pouvaient-ils en mariant leurs petits-enfants faire la même convention qu'en mariant leurs enfants?

Deux cas étaient à distinguer :

1° Le cas ou l'enfant était issu d'un enfant prédécédé; 2° le cas où celui-ci était encore existant.

Premier cas : — L'enfant est prédécédé, laissant lui-même un enfant?

Cette question partageait la doctrine. Lemaître et Laurière étaient d'avis d'interpréter strictement la coutume; l'article 281 ne parlait que des père et mère; on ne pouvait, disaient-ils, étendre la même faveur aux aïeuls et aïeules. D'autres auteurs disaient, au contraire, avec raison que là où il y avait parité de motifs, il devait y avoir pareille raison de décider; en effet, la présence de petits enfants était aussi bien que la présence d'enfants, un obstacle au don mutuel; cette seconde opinion était la plus rationnelle; elle était du reste adoptée par la majorité des auteurs.

Second cas.— Les père et mère avaient un descendant issu d'un enfant encore vivant.

La question était ici encore plus douteuse; car le petit enfant en recevant la dot ne pouvait ni renoncer à la part de communauté de son aïeul ou aïeule, puisqu'il était primé dans cette succession par son père, ni renoncer à celle de son père, puisque ce n'était pas celui-ci qui constituait la dot. Pothier néanmoins validait la convention ; il appliquait le principe *donatum filio donatum patri.*

A la différence de la coutume de Paris et du droit commun, la coutume de Dunois ne permettait pas le don mutuel entre-vifs, ou du moins elle en soumettait la validité à la confirmation par testament. C'était là, comme le remarque Pothier, une disposition analogue à celle du droit romain antérieurement au S. C. de Caracalla.

SECTION III.

Edit des secondes noces.

Au treizième siècle Beaumanoir et Desfontaines exprimaient déjà le regret de voir les enfants d'un premier lit sacrifiés à ceux du second; ils appelaient de leurs vœux cette législation qui ne devait passer dans notre droit coutumier que sous le règne éphémère de François II, en 1560, grâce à l'initiative du chancelier l'Hôpital.

Interdiction de la faculté de disposer des biens provenant de la libéralité du premier conjoint; limitation de la faculté de disposer même de ses propres biens envers le deuxième conjoint; telles étaient les deux dispositions de l'Edit des secondes noces.

Un fait tout particulier acheva, dit-on, de déterminer l'apparition de la réforme longtemps désirée : Une veuve en se remariant avait fait à son second mari des donations excessives; les enfants du premier lit en étaient réduits à leur légitime; le chancelier l'Hôpital se rendit l'interprète de l'opinion publique; il fit publier le fameux édit connu sous le nom d'édit des secondes noces. Cet édit se composait de deux chefs : le premier correspondait à la constitution *hac edictali*.

Il était ainsi rédigé :

« Ordonnons que femmes veuves ayant en-

« fants, ou enfants de leurs enfants, si elles passent à nouvelles noces, ne peuvent et ne pourront, en quelque façon que ce soit, donner de leurs biens, meubles, acquêts, ou acquis par elles d'ailleurs que de leur premier mari, ni moins leurs propres à leurs nouveaux maris, père, mère ou enfant desdits maris ou autres personnes qu'on puisse présumer être, par dol ou fraude, interposées, plus qu'à un de leurs enfants ou enfants de leurs enfants ; et s'il se trouve division inégale de leurs biens, faite entre leurs enfants, ou enfants de leurs enfants, les donations, par elles faites à leurs nouveaux maris, seront réduites et mesurées à la raison de celui des enfants qui en aura le moins. »

L'édit ne parlait que des veuves; mais la jurisprudence et la doctrine, par interprétation de la constitution *hac edictali*, l'appliquèrent aux hommes veufs remariés ; la circonstance qui donna lieu à l'édit explique comment l'attention du chancelier l'Hôpital ne s'était portée que sur les femmes veuves. Nous verrons dans un premier chapitre à quelles personnes et à quels actes juridiques s'appliquait l'édit ; dans un deuxième, quelle était la mesure de la quotité disponible envers le nouveau conjoint ; dans un troisième, nous traiterons de l'action en réduction et des personnes auxquelles elle appartenait.

CHAPITRE PREMIER.

PERSONNES SOUMISES AUX DISPOSITIONS DE L'ÉDIT ; DES ACTES AUXQUELS IL S'APPLIQUAIT.

La disposition de l'édit s'étendait à d'autres personnes que le nouvel époux : ainsi, le père, la mère, les enfants de ce nouvel époux, étaient présumés personnes interposées. C'était là une présomption légale; comme telle, elle ne pouvait être étendue à d'autres personnes. C'est à tort, selon nous, que Pothier, en son contrat de mariage, n° 539, en fait l'extension aux ascendants.

Hors le cas de présomption légale établi par l'édit, l'interposition devait être prouvée. Cette preuve incombait aux enfants du premier lit, en faveur de qui la disposition avait été établie. La présomption d'interposition ne s'appliquait pas aux enfants communs. Les donations qui leur étaient faites étaient suffisamment motivées par l'affection naturelle qu'ils inspiraient.

La question était plus douteuse si la donation n'était faite qu'aux enfants à naître du mariage. Une telle donation, bien qu'ayant eu lieu par contrat de mariage, était réputée faite en faveur du nouveau conjoint ; la raison en était que les enfants à naître ne pouvaient être, par eux-mêmes, l'objet d'aucune affection.

Actes juridiques tombant sous l'application de l'édit.

L'édit comprenait dans sa disposition tous les avantages directs ou indirects de l'un des époux au profit de l'autre. L'adoption du régime de communauté était lui-même un moyen d'avantager celui des époux le moins riche en biens meubles; l'avantage qui en résultait était assimilé à une donation; par suite il était réductible. Cette solution était constatée par Pothier et Lebrun. Selon ces jurisconsultes, l'adoption tacite du régime de communauté ne constituait pas un avantage; il n'y avait rien là, disaient-ils, qui fût le fait de l'époux remarié.

La convention de préciput était également regardée comme un avantage. Il en était de même du don mutuel, même fait par contrat de mariage; il y eut doute pendant quelque temps sur cette question; mais un arrêt du parlement de Paris, de l'an 1586, fixa la jurisprudence et la doctrine dans le sens que nous indiquons. Les termes de l'édit, du reste, étaient formels et ne comportaient aucune exception.

Il en était autrement du douaire; le but de cette institution était de permettre à la femme veuve de soutenir le rang qu'elle avait occupé du vivant de son mari; à ce titre, il n'était pas considéré comme un avantage, mais bien comme une dette du mari.

CHAPITRE II.

QUOTITÉ DISPONIBLE PERMISE PAR L'ÉDIT.

La sanction de la prohibition que nous venons d'étudier, était la réduction des libéralités excessives ; la quotité permise était mesurée sur la portion de l'enfant, le moins prenant dans la succession du donateur. Pour calculer cette part, l'on comptait les enfants du premier et du second lit; le nouvel époux comptait lui-même comme un enfant de plus ; sa part devait être égale à celle de l'enfant le moins prenant. Si l'un des enfants se contentait d'une portion inférieure à la légitime, l'époux avait néanmoins le droit de réclamer une part égale au montant de cette légitime.

Au cas de prédécès de l'un des enfants, laissant lui-même des enfants, le partage s'opérait par souche; l'époux prenait alors une portion égale à celle de la souche la moins prenante. Mais il y avait controverse lorsque tous les enfants du premier degré étant décédés, la succession se trouvait dévolue aux petits enfants. Ceux-ci se trouvant alors appelés de leur chef, succédaient par tête et partageaient entre eux par égale portion.

Pothier, en pareil cas, n'accordait au nouvel époux qu'une part de petit-enfant; « n° 565, *Traité du contrat de mariage*. Lebrun et d'autres auteurs adoptaient l'opinion de Pothier; mais la jurisprudence s'écartait, avec juste raison, de cette doctrine; il n'était pas juste, en effet, que la circonstance du prédécès de l'enfant du donateur pût devenir pour l'époux une cause de préjudice. (Arrêt du parlement de Toulouse de 1619, rapporté par Merlin.)

CHAPITRE III.

ACTION EN RÉDUCTION; PERSONNES A QUI ELLE APPARTENAIT.

Il y avait lieu à l'action en réduction lorsque le deuxième conjoint se trouvait avoir reçu une part supérieure à la quotité permise par l'Edit. En cas de plusieurs mariages successifs, la quotité disponible envers les nouveaux conjoints n'était toujours que d'une seule part d'enfant; cette quotité une fois absorbée, toutes autres donations étaient caduques.

§ II. *Personnes qui pouvaient intenter l'action en réduction.*

C'étaient non-seulement les enfants du premier, mais encore ceux du second lit; ce n'était pas, il est vrai, en faveur de ces derniers que la réduction avait été établie; mais comme ils en profitaient, ils devaient pouvoir intenter l'action en réduction : « Nec est novum in jure ut quod quis « ex persona sua non haberet, ex persona alte« rius habeat. » (Loi 3, § 11, *de bon. poss. conetra tabulas.*)

L'on se demandait dans notre ancien droit s'il fallait avoir la qualité d'héritier pour pouvoir intenter l'action révocatoire. Pothier était d'avis que cela n'était point nécessaire : sa raison de décider était que les enfants tiennent leurs droits non de la loi sur les successions, mais de l'Edit; toutefois, il fallait au moins qu'ils fussent habiles à succéder; ainsi, les exhérédés, les indignes n'étaient admis à aucune réclamation. D'autres auteurs soutenaient avec plus de raison que toute action en réduction n'avait pour objet que de parfaire une légitime, et que, sous ce rapport, il fallait se porter héritier pour y avoir droit.

L'action en réduction pouvait être dirigée contre les tiers-détenteurs; le donataire, n'ayant qu'un droit résoluble, n'avait pu transférer plus de droit qu'il n'en avait lui-même.

Pour procéder à la réduction, on estimait les biens donnés d'après leur valeur au temps de l'ouverture de la succession; l'on déduisait les dettes, et l'actif était partagé entre tous les enfants. La part d'enfant une fois connue, elle servait de taux d'après lequel la donation faite au conjoint devait être réduite. La portion retranchée était ensuite partagée entre tous les enfants du donateur ; l'aîné, selon Pothier, avait le droit de faire valoir son privilége de droit d'aînesse. Ce mode de procéder était critiquable, car en attribuant exclusivement aux enfants le bénéfice de la portion réduite, l'on n'arrivait à ne laisser au conjoint qu'une part inférieure à celle de l'enfant le moins prenant. Aussi Lebrun et Renusson admettaient-ils le conjoint à venir prendre part dans la portion retranchée. (Lebrun, liv. II, chap. 6, n°s 19 et 21 ; et Renusson, liv. IV, chap. 3, n° 67.) Pothier et Ricard étaient d'avis contraire; ils disaient que l'époux devait mesurer sa part sur celle de l'enfant le moins prenant dans la succession du donateur. Or, les biens retranchés ne faisant pas partie de la succession, l'époux ne pouvait y avoir droit; il ne devait point lui être permis de profiter d'une disposition établie contre lui. Pothier et Ricard argumentaient encore des termes de la constitution *Hac Edictali* et de la Nov. 22 ; mais ces textes ne se prononçaient pas sur cette question ; ils se bornaient à exclure les enfants du deuxième lit du partage de la portion retranchée. (Ricard, n°1319, *Traité des donations ;* Pothier, *Contrat de mariage*, n° 594.)

Donation d'une part d'enfant. — Il arrivait souvent que pour éviter toutes difficultés de réduction, l'époux qui se remariait donnait à son nouveau conjoint une part d'enfant ; ainsi au lieu de donner tels ou tels biens déterminés, sauf réduction lors de son décès, il donnait une part d'enfant à prendre dans sa succession ; la nature de cette donation était bien différente de la donation de biens déterminés : ainsi tandis que cette dernière transportait au conjoint donataire un droit irrévocable, transmissible aux héritiers, la donation d'une part d'enfant ne lui transmettait, au contraire, qu'un droit conditionnel, soumis à la condition de survie du dona taire.

La donation de biens déterminés pouvait être inférieure ou supérieure à la quotité permise par l'édit; la donation d'une part d'enfant ne pouvait jamais la dépasser ; au premier cas le donataire n'était point tenu envers les créanciers de la succession; au second cas, il était au contraire tenu envers eux jusqu'à concurrence de son émolument.

La donation d'une part d'enfant n'était en réalité qu'une donation de biens à venir; de ce caractère, Pothier tirait cette conséquence, que cette donation devait être réputée faite en faveur du mariage, et par suite en faveur des enfants à naître; elle contenait à leur profit une sorte de substitution vulgaire. Ce système avait pour effet d'empêcher la caducité de la donation d'une part d'enfant au cas de prédécès du donataire laissant des enfants de son mariage avec le donateur ; cette portion de la succession était alors dévolue aux enfants du second lit, à l'exclusion de ceux du premier. Toutefois, tout en émettant cette opinion, Pothier conseillait aux parties pour plus de sûreté d'avoir le soin de stipuler expressément la substitution vulgaire.

L'on se demandait autrefois, comme de nos jours, ce que devait comprendre la donation d'une part d'enfant au cas où il ne restait aucun enfant ni du premier, ni du second lit. Lebrun était d'avis que la donation devait en pareil cas comprendre tous les biens du donateur; sa raison de décider était que puisqu'il ne restait aucun enfant survivant, le donateur était mort avec sa capacité entière, et que par suite il avait dû vouloir donner à sa donation toute l'extension possible. (Lebrun, livre 2, chap. 6, n° 14, *Traité des successions*,) Pothier et Ricard soutenaient avec plus de raison que la donation d'une part d'enfant ne pouvait jamais excéder la moitié des biens du donateur; car, disaient-ils, en donnant une part d'enfant, le donateur avait supposé qu'il lui resterait au moins un enfant. (Pothier, n° 598 contrat de mariage. — Ricard n° 128, *Traité des donations*).

Lorsque la donation faite au deuxième conjoint consistait en biens présents, il avait le droit d'exiger le rapport fictif des biens donnés aux enfants par le défunt, non pas afin d'en profiter, mais afin de faire fixer à son égard la portion disponible.

Deuxième chef de l'édit.

Le deuxième chef de l'édit des secondes noces reproduisait les constitutions *feminæ quæ et generaliter*; il défendait au conjoint remarié de disposer envers qui que ce fût des biens provenant de son premier conjoint. Ces biens étaient réservés aux enfants du premier lit; c'était là une incapacité générale : « et au regard des biens à icelles veuves acquis par dons et libéralités de leurs défunts maris, elles ne peuvent et ne pourront en faire aucune part à leurs nouveaux maris; mais elles seront tenues de les réserver aux enfants communs d'entre elles et leurs maris, de la libéralité desquels iceux biens leurs sont advenus. Le semblable voulons être gardé ès biens qui seront venus aux maris, par dons de leurs défuntes femmes. »

En droit romain l'époux remarié perdait immédiatement et irrévocablement la propriété des biens provenant du premier conjoint, pour n'en conserver que l'usufruit; dans notre droit coutumier, au contraire, l'époux remarié restait encore propriétaire, mais seulement sous condition résolutoire : cette condition était la survie des enfants du premier lit ; d'où la conséquence, que les actes d'aliénations émanés du conjoint remarié n'étaient pas nuls *a priori*, mais seulement soumis à la même condition de résolution que le droit de leur auteur; il se trouvait grevé d'une espèce de substitution légale dont le sort dépendait de la survie ou du prédécès des enfants du premier lit.

§ I. *Avantages tombant sous l'application de l'Edit :*

Le second chef de l'Edit ne parlait que des dons provenant de la libéralité du premier conjoint; néanmoins l'on s'accordait à étendre cette disposition à tous avantages provenant des conventions matrimoniales. Ainsi, tombaient sous l'application de l'Edit : 1° le préciput conventionnel; 2° les avantages résultant de l'inégalité d'apports dans la communauté ; 3° les successions mobilières échues pendant le mariage et tombant en communauté.

§ II. *Biens qui n'étaient pas soumis à la disposition de l'Edit.*

N'étaient pas soumis au deuxième chef de l'édit ni les biens provenant d'autres personnes que le premier conjoint, ni ceux recueillis par le survivant dans la succession de ses enfants, ni le montant de la réparation civile, adjugée au survivant pour le meurtre de son premier conjoint.

§ III. *De la substitution fidéicommissaire contenue dans l'édit au profit des enfants du premier lit; de ses effets, de son extinction.*

Le conjoint survivant était tenu en vertu de l'Edit de réserver aux enfants du premier lit les biens qu'il tenait de la libéralité de son premier conjoint. L'époux survivant était tenu de conserver et de rendre: c'était bien là le caractère d'une substitution fidéicommissaire. Cette substitution avait lieu alors même que le premier conjoint, par son testament ou quelqu'autre acte, avait déclaré faire remise au survivant des peines de l'édit.

Les enfants du second mariage n'étaient pas admis à concourir avec ceux du premier conjoint. Les biens réservés faisaient retour aux enfants du premier lit, non pas à titre de succession, mais à titre de donation ; d'où la conséquence qu'il n'était pas nécessaire, pour les recueillir, qu'ils fussent héritiers du premier conjoint, ni même du second. Toutefois, l'on exigeait que les enfants du premier lit fussent habiles à succéder; les indignes et les exhérédés étaient par conséquent exclus du partage des biens réservés.

L'aîné pouvait exercer son droit d'aînesse sur

les biens compris dans la substitution. (Ricard, n° 1390, *Traité des Donations*. Pothier, n° 625, *Traité du Contrat de mariage*.)

Effets de la substitution. — Les enfants étaient considérés comme tenant les biens réservés, non pas du donataire, mais bien du conjoint prédécédé, *non a gravato, sed a gravante*.

De là les conséquences suivantes :

1° Les immeubles compris dans la donation étaient des propres paternels ou maternels, selon que l'époux prédécédé était le père ou la mère.

2° Le partage de ces biens s'opérait entre tous les enfants du premier lit, par portions égales ; l'édit ne reproduisait pas les dispositions de la constitution *fœminæ quæ*, qui permettait au conjoint survivant de désigner celui des enfants qu'il voulait avantager.

3° Les enfants du second mariage étaient exclus du partage des biens donnés par le premier conjoint à leur auteur.

Extinction de la substitution. — La substitution s'éteignait par le prédécès de tous les enfants du premier lit avant l'époux remarié ; les biens grevés de la substitution étaient alors réputés avoir toujours été libres entre les mains du donataire : les dispositions qu'il en avait faites étaient confirmées.

Il pouvait arriver que le conjoint remarié redevînt veuf une seconde fois, sans enfants de son second mariage ; la substitution était-elle alors éteinte ?

Duplessis et Lemaitre étaient de cet avis, par la raison que le convol de l'époux n'avait causé aucun préjudice aux enfants du premier lit, puisque la deuxième union n'avait produit aucun enfant. (Duplessis, n° 1405, *Coutume de Paris* ; et Lemaitre, *Sur la Coutume de Paris,* page 334, (édition de l'an 1700.)

Pothier ne partageait point la même opinion ; il décidait que la substitution n'était pas éteinte par le prédécès du deuxième conjoint, même sans enfants communs ; qu'elle ne pouvait l'être que par le prédécès des enfants du premier lit. (Pothier, n° 627, *Traité du Contrat de mariage.*)

Extension donnée au second chef de l'édit par les Coutumes de Paris et d'Orléans. — La communauté légale ou conventionnelle est une espèce de société ; chacun des époux met en commun une certaine quantité de biens que la collaboration commune doit faire fructifier ; l'on ne peut dire que la part de communauté advenue à chacun des époux, lors du partage, lui advient à titre lucratif. Aussi, la plupart des Coutumes décidaient-elles que les biens provenant de la communauté ne tombaient point sous l'application de l'édit. Cependant, les Coutumes de Paris et d'Orléans étendaient à ces sortes de biens le deuxième chef de l'édit. Elles considéraient les biens acquis par le travail et la collaboration commune comme destinés, d'après l'intention des époux, à assurer le sort des enfants à naître du mariage ; par suite, elles les rangeaient dans la classe des biens réservés.

L'art. 279 de la coutume de Paris était ainsi conçu» : Quant aux conquêts faits avec ses précédents maris, la femme n'en peut disposer aucunement au préjudice des portions dont les enfants des premiers mariages pourraient amender de leur mère. Et néanmoins succèdent les enfants des subséquents mariages aux dits conquêts avec les enfants des mariages précédents, également venant à la succession de leur mère. »

La Coutume de Paris entendait toutefois se montrer moins rigoureuse à l'égard des conquêts qu'à l'égard des biens donnés par le premier conjoint ; car, tandis qu'elle ne pouvait aucunement disposer de ces derniers, elle pouvait disposer au contraire des conquêts, pourvu que ce ne fût pas au préjudice des portions réservées aux enfants du premier lit.

L'on se demandait si le deuxième conjoint restait capable, comme l'étranger, de recevoir la portion non réservée de conquêts ; la question était en général résolue négativement : Pothier disait que l'article 279 de la Coutume contenait ces deux idées : 1° La femme remariée ne peut aucunement disposer de ses conquêts au profit d'un nouveau mari; 2° elle peut en disposer au profit d'autres personnes, sauf la part des enfants du premier mariage dans lesdits conquêts; la première de ces deux idées n'était pas clairement exprimée par l'art. 279 de la coutume de Paris; mais aucun doute n'était possible en présence des termes de la coutume d'Orléans: « Et quant aux conquêts faits avec ses précédents « maris, (femme convolant en secondes noces « ou autres noces), n'en peut aucunement avan- « tager son second ou autre mari; toutefois peut « disposer d'iceux à d'autres personnes, sans que « cette disposition puisse préjudicier aux por- « tions dont les enfants desdits mariages pour- « raient amender leur mère. »

Effets de l'extension du deuxième chef de l'Edit. — C'était tantôt la nullité, tantôt seulement la réduction; la nullité, si la disposition avait eu lieu en faveur de l'époux, la réduction lorsqu'elle avait eu lieu en faveur de l'étranger.

L'on s'accordait généralement à dire que par l'expression de conquêts, il fallait entendre, non pas seulement les immeubles, mais encore les meubles (d'Aguesseau, 41° plaidoyer).

L'on en disait autant de l'apport mobilier de la femme; il était considéré comme aliéné en faveur des enfants à naître du mariage, (Pothier, n° 632 et 633, *Traité du contrat de mariage*).

Les coutumes de Paris et d'Orléans se servaient

de l'expression, disposer. Cette expression large semblait comprendre toute espèce d'aliénation, soit à titre gratuit, soit à titre onéreux; néanmoins, il était admis en doctrine comme en jurisprudence que ces expressions ne devaient s'appliquer qu'aux aliénations à titre gratuit. C'était là une autre différence avec le deuxième chef de l'édit, qui prohibait au contraire toute disposition à titre gratuit ou onéreux, portant sur les biens réservés.

La jurisprudence étendit à l'homme veuf les dispositions des Coutumes de Paris et d'Orléans, comme elle l'avait fait pour les dispositions de l'édit lui-même. Cependant, ce ne fut pas d'une manière aussi rapide. Des auteurs soutenaient que l'on ne devait pas étendre une disposition aussi rigoureuse que celle de l'art. 279 ; les biens de la communauté étaient le produit du travail de l'homme plutôt que celui de la femme. A cela l'on répondait que si l'homme acquérait plus que la femme, celle-ci était dans le ménage le génie de la conservation. L'on ajoutait que les prescriptions de l'édit, comme celles de la coutume, avaient moins en vue une peine contre l'époux remarié qu'une faveur pour les enfants du premier lit ; qu'il n'y avait donc pas lieu de distinguer entre l'homme et la femme.

Ordonnance de Blois.— Cette ordonnance, qui date de l'assemblée des Etats à Blois en 1579, contenait une disposition relative à notre matière. L'art. 182 établissait une peine toute particulière contre les femmes ayant des enfants d'un premier lit ; toutes les donations faites par elles à leurs seconds maris étaient nulles pour le tout ; en outre, les femmes qui les avaient conférées pouvaient être frappées d'interdiction.

TROISIÈME PARTIE.

DROIT INTERMÉDIAIRE.

En l'an 1789 apparaissait un grand événement : la chute de la monarchie française ; avec elle disparurent les derniers vestiges de la féodalité ; plus de castes privilégiées, plus d'immunités pour la noblesse et le clergé. Il n'y eut plus en France que des citoyens ; égalité de droits et de devoirs ; tel fut le grand principe posé par l'Assemblée constituante.

Les anciennes institutions sont abolies; plus de droit d'aînesse ni de privilége de masculinité; plus de douaire ni de gains de survie, d'augment et de contre-augment. Après ce bouleversement il fallait songer à remplacer le vieil édifice; mais la Constituante, trop absorbée par les événements du moment, ne put réaliser cette entreprise; ce fut la convention qui commença la réforme par la loi du 17 nivôse an II.

Cette loi donnait satisfaction à bien des intérêts légitimes vainement réclamés jusqu'alors ; mais, de même que la plupart des lois rendues à cette époque de troubles, elle se ressentait de cet esprit général de réaction quelquefois aveugle contre ce qui avait existé : l'on prenait trop souvent de parti pris le contrepied des institutions anciennes ; ainsi, en ce qui concerne notre matière, l'ancien droit prohibait les donations entre époux; la loi de nivôse les permit sans restriction; à côté de cela, le divorce fut rétabli. C'était exposer de nouveau le mariage à tous les dangers que présentait autrefois à Rome la *faculté absolue* des donations entre époux.

Les articles 13 et 14 de la loi de nivôse, an II, portaient qu'à l'avenir les époux pourraient se donner la pleine propriété de tous leurs biens; cette faveur exorbitante n'était restreinte que par la présence d'enfants issus du mariage; les époux ne pouvaient alors se donner que la moitié de leurs biens, en usufruit seulement.

La quotité disponible de notre ancien droit était assez large envers l'étranger, même dans le cas d'enfants; elle était de la moitié des conquêts et du quint des propres; la loi de nivôse la restreignit d'une manière considérable. L'article 16 de cette loi portait que dans le cas d'enfants ou descendants d'eux, les pères ou mères ne pourraient donner à l'étranger plus d'un dixième de leurs biens; au cas d'ascendants, la quotité disponible était la même; elle était du sixième, en présence de collatéraux du *de cujus*. Une loi du 4 germinal an VIII se montra moins parcimonieuse; elle permit à l'époux, ayant des enfants, de disposer envers l'étranger d'une part d'enfant, sans que cette part pût excéder le quart. Enfin, tandis que l'ancien droit permettait aux père et mère d'avantager l'un de leurs enfants dans la limite du disponible, l'article 16 précité prohibait formellement toute libéralité envers les successibles. Elle voulait entre les enfants une égalité parfaite; elle supprimait ainsi un agent fréquent de discorde dans les familles. A ce point de vue elle méritait les sympathies des jurisconsultes futurs; mais d'un autre côté, elle enlevait aux père et mère un moyen puissant de faire respecter leur puissance paternelle, en les privant de la faculté de récompenser l'affection filiale de leurs enfants. A un autre point de vue, la loi de nivôse était encore critiquable; elle annulait dans son article 1er toutes les donations entre vifs de biens présents ou à venir, faites depuis 1789; elle violait ainsi ce grand principe basé sur l'équité naturelle; le principe de la non-rétroactivité des lois; cette iniquité législative fut du reste réparée peu de temps après par une loi du 18 pluviôse an v, qui rétablissait les donations antérieures à la loi de nivôse.

Ainsi disparurent dans toute la France ces diversités innombrables de coutumes, dont les dispositions restreignaient plus ou moins la faculté de disposer entre époux.

Une loi interprétative rendue le 9 fructidor sur la demande de l'autorité judiciaire, avait décidé que la dot, le douaire, les gains de survie, étaient abolis.

Les lois de nivôse et de fructidor ne parlaient pas des seconds mariages; aussi l'on ne tarda pas à se demander si l'édit de 1560 était ou non encore en vigueur; cette question ne pouvait être sérieusement controversée en ce qui concernait le premier chef de l'édit, car l'article 13 de la loi de nivôse permettait au conjoint dans tous les cas, c'est-à-dire sans que les enfants fussent ou non du premier lit, de disposer envers son conjoint d'une moitié en usufruit.

La question restait incertaine quant au second chef de l'Edit, qui paralysait entre les mains du veuf ou de la veuve, la faculté de disposer des biens donnés par le premier conjoint. Un arrêt de 1808 se prononça pour le maintien de l'Edit à propos d'une donation faite avant la promulgation de notre Code. Malgré cet arrêt, il nous paraît certain que l'on devait considérer comme abrogés le premier et le second chef de l'Edit. En effet, l'article 61 de la loi de nivôse portait expressément que toutes les lois, coutumes et statuts sur la transmission des biens par donation et succession, étaient abrogés pour l'avenir.

CODE NAPOLÉON.

DONATIONS ENTRE ÉPOUX, SOIT PAR CONTRAT DE MARIAGE, SOIT PENDANT LE MARIAGE.

Généralités.

Nous avons vu avec quelle latitude la loi de nivôse an II permettait les donations entre époux; elle les permettait sans restriction, et d'une manière irrévocable lorsqu'il n'y avait point d'enfants, c'était là un danger pour la paix du ménage, danger d'autant plus grand que le divorce venant d'être rétabli, il était à craindre que les mariages ne devinssent *venalicia* comme autrefois à Rome, avant la prohibition et le sénatus-consulte de Caracalla. Nous savons comment ce sénatus-consulte vint abroger la législation antérieure sur les donations entre époux : faculté de se donner; faculté de révoquer, telle était la double innovation de l'*Oratio*. Le législateur de 1804 s'empara de cette sage idée de révocabilité; grâce à elle, les donations entre époux ne présentaient plus le même danger; elles furent autorisées dans une certaine limite que nous aurons bientôt l'occasion d'examiner.

Nous diviserons nos explications en trois chapitres : dans le premier nous nous occuperons des donations entre époux par contrat de mariage; dans le second nous traiterons des donations entre époux pendant le mariage; enfin, dans le troisième nous verrons quelle est la quotité disponible entre époux.

CHAPITRE PREMIER.

DONATIONS PAR CONTRAT DE MARIAGE ENTRE FUTURS ÉPOUX.

L'institution du mariage est la base de toute société bien organisée; son principe repose sur le droit naturel. Le mariage amène avec lui des charges, des devoirs; il est donc juste qu'en retour il fasse bénéficier les époux de certains avantages; l'ordonnance de 1731 avait déjà tracé la voie en ce sens.

La matière des donations entre époux, comprend de nombreuses dérogations au droit commun; ainsi, tandis qu'il est défendu, au mineur même émancipé, de faire une donation entre vifs, cette faculté lui est au contraire accordée lorsqu'il contracte mariage, (art. 1095).

L'art. 947 nous dit que la règle donner et retenir ne vaut, n'aura point d'application aux donations qui nous occupent; nous verrons plus tard quelles sont les conséquences de cette grave dérogation au droit commun.

En droit commun, l'acceptation d'une donation doit être manifestée d'une manière expresse, et par acte notarié; l'article 1087 supprime en faveur du mariage cette nécessité.

Les donations sont en droit commun, révocables pour ingratitude; les donations en faveur du mariage ne sont pas soumises à cette cause de révocation.

Malgré ces dérogations, les donations entre époux par contrat de mariage n'en obéissent pas moins à certaines règles de droit commun. Elles ne peuvent être faites que par des personnes capables, ou autorisées dans les termes de l'article 1095; elles sont révocables pour cause d'inexécution des conditions; elles sont rapportables; enfin elles sont réductibles au cas où elles dépasseraient la quotité disponible.

Tels sont les caractères généraux des donations par contrat de mariage entre futurs époux. Voyons les dispositions spéciales qui s'y réfèrent.

L'art. 1091 nous annonce que les époux pourront se faire tous les genres de donations permises par le chapitre VIII, en faveur du mariage. Ils pourront donc se faire : 1° des donations de biens présents; 2° des donations de biens à venir; 3° des donations de biens présents et à venir; 4° des donations sous conditions potestatives. Nous traiterons successivement de chacune de ces donations.

I. *Donation de biens présents.* — Par ces expressions : biens présents, nous devons entendre les biens sur lesquels le donateur a un droit immédiat, soit pur et simple, soit conditionnel.

L'art. 1092 porte que la donation de biens présents, faite entre époux par contrat de mariage, ne sera point censée faite sous la condition de survie du donataire ; cette donation est, par conséquent, parfaite du jour du mariage; elle transfère au donataire un droit actuel, irrévocable, transmissible à ses héritiers. En un mot, elle produit tous les effets ordinaires de la donation de biens présents. Mais pourquoi nous dire qu'elle ne sera point censée faite sous la condition de survie du donataire; cela n'allait-il pas de soi? On a dit, pour justifier l'utilité de cette disposition, que le législateur voulut établir un parallèle entre la donation de biens présents et la donation de biens à venir, dont il va parler dans l'article suivant : la première est parfaite dès le jour du mariage; la seconde est toujours soumise à la condition de survie du donataire. On a fait aussi remarquer que le législateur parle d'une donation par contrat de mariage, et qu'il veut l'opposer à la donation entre époux pendant le mariage ; la première est irrévocable et transmissible dès le jour du mariage ; la seconde, au contraire, est révocable et soumise à la condition de survie du donataire; cette deuxième explication a le tort de trancher une vive controverse sur le point de savoir si les donations entre époux, pendant le mariage, sont révoquées par le prédécès du donataire. L'explication la plus plausible de cette disposition consiste à dire que le législateur a voulu prévenir les doutes qu'aurait pu faire naître la diversité de principes entre les pays de droit écrit et les pays de coutumes; les premiers exigeaient la condition de survie, les seconds la rejetaient. Notre Code adopta le système le plus national, celui de nos pays coutumiers, et pour écarter toute espèce de doute, il crut nécessaire de s'en expliquer formellement.

La condition de survie qui n'est point nécessaire à l'existence de la donation, peut cependant être stipulée ; mais les parties devront s'en expliquer formellement.

L'article 1092 renvoie pour les formes et les effets de la donation de biens présents par contrat de mariage aux règles et formes établies pour les donations faites au même titre entre étrangers. Nous ne les rappellerons pas ici.

Signalons toutefois, certaines dérogations au droit commun : la donation de biens présents par contrat de mariage est dispensée de la solennité de l'acceptation (art. 1087) ; elle est subordonnée à la condition du mariage (art. 1088) ; elle peut être faite par un époux mineur assisté des personnes dont le consentement est nécessaire à la validité de son mariage (art. 1095) ; elle est soumise à une quotité disponible particulière (1094-1098) ; enfin, elle n'est pas révocable pour cause de survenance d'enfants (960).

L'exception que mentionne ce dernier article se trouvait déjà mentionnée dans l'article 39 de l'ordonnance de 1731 ; Pothier nous donne les motifs de cette exception : « Il est indifférent « aux enfants, dit-il, de trouver les biens donnés « dans la succession du donateur ou dans celle « du donataire, car l'un et l'autre sont également « intéressés à les leur conserver. »

Ajoutons que toutes les fois qu'il s'agit de donations entre époux, les motifs de la révocation pour survenance d'enfants ne se rencontrent plus ; lorsque le donateur est un étranger, il ne pense pas, lorsqu'il donne, qu'il lui surviendra des enfants ; l'époux, au contraire, qui donne à son conjoint par contrat de mariage espère évidemment cette faveur, donc point de motif pour faire de la survenance d'enfants une cause de révocation. Enfin, si le législateur l'eût décidé autrement, l'époux donataire eût peut-être été intéressé à ne pas avoir d'enfants.

Ces motifs perdent leur raison d'être lorsqu'après le décès de l'époux donataire il survient au donateur des enfants issus de son nouveau mariage. Ne serait-il pas juste en pareil cas de décider que la donation faite au premier conjoint est révoquée par la survenance d'enfants. Le bénéfice de la donation se trouve, en effet, à cette époque, entre les mains des héritiers du donataire, et le mari donateur est dans la même position qu'un donateur étranger, sans enfants lors de la donation. C'est ainsi que l'entendait, dans notre ancien droit, Dumoulin, dont les opinions en cette matière furent consacrées par l'ordonnance de 1731; c'est ainsi que le décidaient également les auteurs postérieurs à cette ordonnance. Cependant, nous ne pensons pas, en présence de l'art. 960 et de l'art. 1096, que notre législateur ait entendu consacrer cette doctrine. Ces articles ne font aucune distinction, et nous n'avons pas à rechercher ce qui devrait être, mais bien ce qui est; nous disons donc que les donations entre époux ne sont jamais révoquées par la survenance d'enfants, de quelque mariage qu'ils soient issus.

Les donations par contrat de mariage sont-elles révocables pour ingratitude?

C'est là un des points vivement controversés de notre matière; la solution à adopter dépend de la question de savoir si les donations entre époux par contrat de mariage peuvent être réputées faites en faveur du mariage.

Pour nous, nous pensons que les donations par contrat de mariage de l'un des futurs époux envers l'autre sont des donations en faveur du mariage; ne favorisent-elles pas aussi bien le mariage que lorsqu'elles sont faites par un tiers? C'est ainsi que la loi l'entend elle-même dans les articles 860 et 1088; dans l'article 860, après avoir dit que les donations en faveur du mariage sont elles-mêmes révocables pour ingratitude, la loi prend soin de faire une exception pour les donations entre conjoints; c'est donc que la loi elle-même considère les donations entre époux par contrat de mariage comme des donations en faveur du mariage; autrement il eût été inutile de créer pour elles une exception. Enfin, nous invoquons l'article 1088, cet article nous dit que les donations en faveur du mariage seront caduques si le mariage ne s'ensuit pas; n'est-il pas évident que la loi entend parler aussi bien des donations faites par l'un des futurs époux à l'autre que de celles qui leur seraient faites par un tiers; autrement il faudrait admettre que les donations entre conjoints par contrat de mariage ne sont pas soumises à la même cause de caducité que celles faites par les tiers.

L'époux qui succombe dans une instance en séparation de corps perd tous les avantages que lui avait faits son conjoint par contrat de mariage; en effet, la séparation de corps ne fut rétablie dans notre Code que pour donner satisfaction à l'esprit catholique; elle n'était, comme on le disait, que le divorce des catholiques; c'est donc que les rédacteurs du Code entendaient appliquer à la séparation de corps les effets du divorce qui lui étaient compatibles, et par conséquent la révocation des donations (art. 299).

L'art. 1518 vient également confirmer ce système ; d'après cet article, l'époux contre lequel la séparation de corps a été prononcée perd ses droits au préciput en cas de survie. Or, si la loi prononce la révocation d'un avantage tel que le préciput, c'est que dans son esprit l'époux coupable ne doit rien conserver des libéralités de son conjoint.

§ 2. — *Donations de biens à venir.*

La donation de biens à venir est celle qui consiste à se dépouiller pour le temps où l'on ne sera plus de tout ou partie de ses biens; elle est irrévocable en ce sens seulement que le donateur ne pourra plus disposer à titre gratuit des objets compris dans la donation. Cette sorte de donation est prohibée en droit commun comme contraire à la règle donner et retenir ne vaut, règle consacrée par les articles 943 à 946. Mais l'article 947 prend soin de nous annoncer que la faveur du mariage en fit rejeter l'application aux donations dont nous nous occupons.

La donation de biens à venir passa dans notre Code avec le caractère mixte qui la distinguait dans notre ancien droit ; elle tient à la fois du legs et de la donation entre vifs; du legs, en ce qu'elle n'est appelée à produire d'effet qu'après le décès du disposant, et qu'elle peut revêtir comme lui les mêmes modalités ; de la donation entre vifs, en ce qu'elle est soumise à la plupart des règles sur la forme et les conditions de capacité établies pour les dispositions faites à ce titre.

Elle peut être universelle, à titre universel ou à titre particulier.

Formes de la donation de biens à venir ; ses effets.

L'art. 1093 nous renvoie, à cet égard, aux règles établies par les art. 1082 et 1083, pour les donations de biens à venir faites par les tiers. Sa forme est celle de la convention qui la renferme, c'est-à-dire du contrat de mariage ; nous lui ferons, en outre, l'application de l'art. 1087, qui dispense les donations par contrat de mariage de la nécessité d'une acceptation expresse. Quant à ses effets, puisqu'ils sont les mêmes que ceux de la donation de biens à venir faite par les tiers, nous dirons qu'elle est irrévocable en ce sens seulement que le donateur ne pourra plus disposer à titre gratuit des objets compris dans la donation, si ce n'est pour sommes modiques à titre de récompense ou autrement.

Charges de la donation de biens à venir.

En cas de silence du donateur, nous appliquerons au donataire cette règle que quiconque prend une quote-part dans une succession doit supporter une part correspondante dans les charges, proportionnellement à son émolument.

Nous avons vu que l'art. 1093 renvoyait, pour la donation de biens à venir entre époux par contrat de mariage, aux mêmes règles que celles établies pour celles faites par des tiers. Signalons, toutefois, deux différences importantes : la première nous est indiquée par l'art. 1093 lui-même, qui nous dit *in fine* que cette sorte de donation ne sera pas transmissible aux enfants à naître du mariage, en cas de décès de l'époux donataire avant l'époux donateur. Cette disposition est un retour à la règle générale établie en matière de donations : pour être capable de recevoir entre vifs, il faut être conçu au moment de la donation. Il est facile d'apercevoir le motif de la différence que le législateur a voulu établir entre la donation de biens à venir faite par les tiers et celle faite par les époux l'un à l'autre. Au premier cas, le législateur veut favoriser le mariage en écartant de la donation de biens à venir une cause de caducité, le prédécès du donataire.

Au second cas, le législateur n'abandonne pas ses intentions favorables; mais il s'arrête devant l'introduction d'une disposition contraire au droit commun. Elle produirait, du reste, peu d'avantages; car, en admettant la révocation par le prédécès de l'époux donataire, les enfants retrouveraient dans le patrimoine de ce dernier l'émolument de la donation: nous ne disons pas cependant que les enfants n'auraient aucun intérêt à être appelés à défaut de leur auteur; il est certain que par ce moyen ils paralyseraient entre les mains du donateur la faculté de disposer, à titre gratuit, des biens composant la donation; mais si le législateur eût appelé les enfants de l'époux donataire à recueillir, à son défaut, le bénéfice de la substitution, il eût porté une trop grave atteinte à la puissance paternelle; les enfants protégés par leur double qualité d'héritiers réservataires et de donataires de biens à venir, n'eussent peut-être pas craint de voir se détourner d'eux l'affection de leur auteur. Celui-ci eût été, à tout jamais, privé de la faculté de récompenser dans la limite du disponible, le dévouement filial des uns, en punissant l'indifférence des autres.

Aux termes de l'art. 1096, les donations entre époux ne sont pas révoquées pour cause de survenance d'enfants ; cet article ne parle que de la donation entre époux pendant le mariage; mais on doit en dire autant de celle faite par contrat de mariage; les mêmes raisons militent dans un cas comme dans l'autre en faveur de cette disposition; en effet, c'eût été prohiber les donations entre époux que de les déclarer révocables pour cause de survenance d'enfants puisque le mariage a précisément pour but principal la procréation des enfants. En outre, il eût peut-être été dangereux de placer le donataire entre son propre intérêt et le désir d'avoir des enfants.

L'art. 1095 consacre la règle *habilis ad nuptias, habilis ad pacta nuptiarum.* Cet article déroge au droit commun en plusieurs points. Ainsi, 1° nous voyons que par faveur pour le mariage, l'on permet à un mineur de disposer par acte entre vifs; 2° aux termes du droit commun un mineur est représenté par son tuteur; au contraire, lorsqu'il s'agit de son contrat de mariage, c'est lui-même qui stipule; il lui suffit d'être assisté des personnes dont le consentement est nécessaire pour la validité de son mariage.

§ 3. *Donation cumulative de biens présents et à venir.*

La donation cumulative de biens présents et à venir existait déjà dans notre ancien droit coutumier, lorsque l'ordonnance de 1731 la reproduisit dans son article 17; elle passa de là dans notre Code.

Ce qui fit la fortune de cette donation, c'est qu'elle présente des avantages plus grands que ceux de la donation de biens à venir; elle procure au donataire les avantages de la donation de biens présents sans retirer au donateur ceux de la donation de biens à venir; en réalité, c'est une donation de biens à venir avec faculté pour le donataire de la convertir en une donation de biens présents; le donataire a une option lors du décès du donateur; il peut aux termes de l'article 1084, soit acccepter la donation pour le tout, comme s'il s'agissait d'une donation de biens à venir, soit la refuser pour partie en s'en tenant à la portion de biens dont le donataire était propriétaire lors de la donation; il prendra l'un ou l'autre parti selon que le défunt laissera dans sa succession plus ou moins de biens que n'en contenait la donation de biens présents.

Si le donataire préfère la donation de biens à venir, il paiera toutes les dettes du donateur jusqu'à concurrrence de son émolument; il respectera les actes à titre onéreux du disposant; aliénations, constitutions d'hypothèques, de servitudes ou de toutes autres charges imposées sur les biens donnés; s'il opte au contraire pour la donation de biens présents, il ne paiera que les dettes existantes, lors de la donation; il sera réputé avoir été propriétaire des biens donnés, dès le moment même de la célébration de son mariage; enfin, il ne sera pas tenu de respecter même les actes à titre onéreux du donateur, s'ils portent sur les biens donnés.

Tels sont les effets de la donation cumulative de biens présents et à venir; ils varient selon que le donataire prend tel ou tel parti.

Cette option n'existe toutefois pour lui, qu'autant qu'il s'est conformé à certaines exigences de la loi : ainsi, aux termes de l'article 1085, si le donataire n'a pas fait dresser un état des dettes existantes au jour de la donation, la donation perd son caractère cumulatif ; le donataire n'a plus le droit de s'en tenir aux biens présents, la disposition ne vaut plus, à son égard, que comme une donation de biens à venir ; il doit l'accepter ou la répudier pour le tout. Cette nécessité d'un état des dettes et charges existantes au jour de la donation, est, selon nous, une application de la règle : *bona non intelliguntur nisi deducto œre alieno,* règle qui reçoit son application toutes fois qu'il s'agit du successeur d'une universalité de biens, ou d'une quote-part de cette universalité ; le donataire de biens présents et à venir qui s'en tient aux biens existants lors de la donation agit comme si la succession du donateur se fût ouverte à cette époque.

La nécessité de l'état des dettes et charges, est une condition spéciale de l'existence de la donation cumulative de biens présents et à venir ; cette sorte de donation n'en est pas moins soumise à certaines autres formalités générales des donations ordinaires ; ainsi nous exigerons la nécessité de l'état estimatif si elle comprend des meubles, art. 948.

Cette règle s'applique également à la donation de biens présents et à venir ; si le donataire avait des meubles et des immeubles lors de la donation, le défaut d'état estimatif ne privera pas le donataire de la faculté de s'en tenir aux biens présents ; mais la donation ne vaudra que pour les immeubles. Si le donateur ne possédait que des biens meubles lors de la donation, alors le défaut d'état estimatif produit un effet analogue à celui que produit le défaut d'état des dettes et charges, la donation étant nulle, quant aux biens présents, elle se convertit en une donation de biens à venir.

Le donataire de biens présents et à venir qui veut conserver intact son droit éventuel à la donation de biens présents, doit accomplir une troisième formalité ; la transcription, art. 939. A défaut de cet acte conservatoire, le donataire ne serait point admis à critiquer les aliénations émanées du donateur ; les tiers-acquéreurs de bonne foi resteraient à l'abri de toute revendication.

En résumé : état des dettes, état estimatif des meubles, transcription de la donation : telles sont les formalités que doit accomplir le donataire de biens présents et à venir qui veut conserver dans sa plénitude l'option qu'il tient de la loi.

Le donataire de biens à venir ou de biens présents et à venir n'a aucun droit actuel sur les biens donnés ; il ne peut faire aucune stipulation sur les biens compris dans la donation ; car aux termes de l'article 1130, toute convention sur une succession future est prohibée ; quant au donateur, il conserve le droit de jouir des biens donnés, de les administrer, et même de les aliéner à titre onéreux, sous la réserve toutefois du droit d'option du donataire. Enfin, de même que la donation de biens présents, la donation de biens présents et à venir n'est pas transmissible même par une clause expresse aux enfants à naître du mariage en cas de prédécès de l'époux donataire (art. 1093); elle pourra être faite par un mineur de 21 ans avec l'assistance des personnes dont le consentement est nécessaire pour la validité de son mariage (1095.)

§ IV. *Donations sous conditions potestatives.*

Cette espèce de donation n'est pas énumérée parmi les dispositions que les époux peuvent se faire par contrat de mariage : cependant nous n'hésitons pas à l'admettre comme possible entre époux; l'article 1091 nous dit en effet que les époux pourront se faire telle donation qu'ils jugeront à propos; par ces expressions, cet article nous renvoie aux différentes espèces de donations contenues dans le chapitre 8, et par conséquent à la donation sous condition potestative.

Cette donation est soumise aux mêmes règles que les donations de biens à venir; nous n'y reviendrons pas ; nous remarquerons seulement que la condition potestative, dont parle l'art. 1086, n'est pas la condition *si voluero,* mais bien celle qui dépend de la volonté du donateur et du hasard, c'est-àdire la condition simplement potestative.

CHAPITRE XI.

DONATIONS ENTRE ÉPOUX PENDANT LE MARIAGE.

Éclairé par l'expérience du passé, le législateur de 1804 comprit qu'il fallait prendre un moyen terme entre la faculté absolue de se donner entre époux, proclamée par la loi de nivôse an II, et la stricte prohibition du droit coutumier. Il décida que les donations entre époux seraient permises, mais à une condition, c'est qu'elles seraient révocables; ainsi se trouvait placé le remède à côté du mal.

Nous avons rencontré précédemment, dans l'étude des donations par contrat de mariage, plusieurs sortes de donations : les donations de biens présents, celles de biens à venir, de biens présents et à venir, celles enfin sous condition potestative. Ces différentes sortes de donations ne sont pas reproduites dans notre titre des donations entre époux; mais l'art. 947 nous démontre clairement que le législateur a entendu les permettre entre conjoints.

Le principal caractère de la donation entre époux est d'être essentiellement révocable ; des auteurs, au commencement de ce siècle, ont prétendu tirer de là cette conséquence que la donation à cause de mort avait été rétablie dans notre droit ; ils se fondaient sur les termes de l'art. 1096 : quoique qualifiées entre vifs ; ces expressions indiquent, disait-on, la pensée du législateur, qui considère les donations entre époux comme étant au fond des donations à cause de mort.

Cette opinion est aujourd'hui à peu près universellement abandonnée ; les auteurs qui l'ont soutenue se laissèrent trop influencer par la faculté de révoquer *ad nutum*, accordée aux époux ; l'irrévocabilité est en effet de la nature et non de l'essence des donations entre vifs ; l'article 953 en est une preuve manifeste, puisqu'il nous indique des cas de révocation déterminés en matière de donations ordinaires.

Les expressions *quoique qualifiées entre vifs* signifient simplement que les donations entre époux, bien qu'étant des donations entre vifs, sont néanmoins essentiellement révocables.

Nous traiterons successivement : 1° des formes de la donation entre époux ; 2° de ses effets ; 3° de la révocabilité et de ses conséquences.

1° *Formes.* Nous avons vu précédemment comment le législateur afin de favoriser le mariage, avait établi de nombreuses dérogations au droit commun pour les donations par contrat de mariage; une fois le mariage contracté, la raison de ces dérogations n'existant plus, le législateur revient aux règles de droit commun, sauf l'irrévocabilité. Nous dirons donc, sans distinguer entre la donation de biens présents et la donation de biens à venir, que toute donation entre époux doit : 1° Être faite par acte notarié et en minute art. 931; 2° Qu'elle doit être acceptée d'une manière expresse; car l'article 1087 ne dispense de l'acceptation que les donations par contrats de mariage. 3° Qu'elle est soumise à la formalité de la transcription si elle contient des immeubles. (Art. 939.)

Le caractère précaire de la donation entre époux n'empêche pas que le donataire n'ait encore intérêt à faire transcrire la donation ; en effet, les biens donnés peuvent être frappés d'hypothèques légales ou judiciaires du chef de l'époux donateur; une saisie immobilière peut ensuite en résulter, et le donataire se trouver exproprié, bien qu'il n'y ait pas eu de la part du donateur intention de révoquer.

4° Si la donation contient des valeurs mobilières, un état estimatif doit, aux termes de l'article 948, être annexé à la minute de la donation; en effet, l'état estimatif ne sert pas seulement à assurer l'irrévocabilité d'une donation ; il sert encore à en constater l'existence, et par suite à établir les bases du rapport entre cohéritiers, et en ce qui concerne l'époux les bases de la réduction de sa libéralité.

Remarquons toujours que l'état estimatif serait réellement sans objet s'il s'agissait d'une donation de biens à venir; car les biens ainsi donnés n'auraient de consistance que lors du décès du donateur.

En matière de donation par contrat de mariage, nous avons vu l'art. 1095 reproduire la règle de l'ancien droit : *Habilis ad nuptias, habilis ad pacta nuptiarum.* C'était déroger au droit commun, que de permettre à un mineur de disposer de ses biens, mais la faveur du mariage le commandait ; après le mariage, les mêmes motifs n'existent plus ; nous revenons alors à la règle générale, qui exige chez le donateur et le donataire la même capacité que s'il s'agissait d'une donation entre vifs pure et simple.

§ 2. — Les effets de la donation entre époux pendant le mariage sont identiques à ceux de la donation par contrat de mariage; ils n'en diffèrent que par la révocabilité. Les donations cumulatives de biens présents et à venir, les donations sous conditions potestatives ne sont que des variétés de la donation de biens à venir. Nous ne nous occuperons donc que des deux principales sortes de donations pendant le mariage : la donation de biens présents; et la donation de biens à venir.

1° *Donation de biens présents pendant le mariage.* — Le principal effet de cette libéralité est de faire passer immédiatement les biens donnés dans le patrimoine du donataire; celui-ci devient propriétaire des biens donnés; il peut les aliéner, les grever d'hypothèques ou de toutes autres charges, les donner même à son tour à un tiers; mais la validité de tous ces actes reste soumise à la condition que le donateur n'usera pas de son droit de révocation; jusque-là tout est maintenu. L'époux donataire devient propriétaire *hic et nunc*; de là les conséquences suivantes : le donataire a le droit de percevoir les fruits perçus par la chose donnée, sans avoir jamais à les restituer, lors même que le donateur userait de son droit de révocation. S'il a commis des dégradations sur le fonds donné, il n'en doit aucun compte, car il a agi en propriétaire, à moins qu'il n'ait tiré profit des dégradations ou qu'il n'y ait eu dol de sa part. Le bien donné est sorti du patrimoine du donateur, ses créanciers ne peuvent plus en opérer la saisie; il ne reste plus aux créanciers que la ressource de l'art. 1167, ce qui supposerait réunies les conditions voulues pour l'exercice de l'action Paulienne, c'est-à-dire non-seulement l'existence du préjudice causé aux créanciers, mais encore l'intention frauduleuse chez le donateur, *eventus et animus.* Enfin, le droit de mutation est exigible dès l'acceptation de la libéralité par le donataire. La jurisprudence varia, toutefois, sur ce point, jusqu'en 1852, époque à laquelle la Cour de cassation se prononça dans le sens que nous indiquons. Avant cette époque, on n'exigeait du donataire que le paiement du droit fixe, sauf à réclamer plus tard le droit de mutation, au moment du décès du donateur, s'il était mort sans avoir révoqué (Championnière, *Traité sur l'enregistrement*, n° 2989).

2° *Donation de biens à venir.* — La donation de biens à venir a, nous le savons, une nature mixte: elle participe à la fois de la donation entre vifs et du legs ; c'est un contrat dont les effets ne doivent se produire qu'à la mort du donateur ; tant que ce dernier survit, le donataire n'a aucun droit actuel sur les biens donnés.

De ce que cette donation est un contrat, il résulte : 1° que le donataire est saisi des biens à venir quant au titre ; il est dispensé, lors du décès du donateur, de demander la délivrance aux héritiers ; il a droit aux fruits du jour du décès du donateur ; 2° en cas de réduction des libéralités faites par le défunt, l'on commencera par réduire les legs.

De ce que la donation de biens à venir participe de la nature du legs, il résulte : 1° que si elle est universelle ou à titre universel, elle est soumise à la règle *bona non intelliguntur nisi deducto œre alieno ;* le donataire contribue aux dettes dans la proportion de son émolument. Dans le cas où, conformément à l'art. 874, le donataire aura payé la totalité de la dette, il aura un recours contre les héritiers du donateur ; nous lui appliquerons, toutefois, l'art. 875, aux termes duquel un successeur universel ou à titre universel n'a de recours contre les autres cohéritiers ou successeurs à titre universel, que pour la part que chacun d'eux doit supporter personnellement : *Res non sunt inter coheredes amare tractandæ.*

La donation de biens à venir entre époux n'est pas transmissible aux enfants à naître du mariage en cas de prédécès de l'époux donataire ; nous avons indiqué précédemment le motif de cette disposition, nous n'y reviendrons pas.

§ 3. *De la révocabilité de la donation entre époux.*

Les donations entre époux seront toujours révocables (art. 1096). Par l'expression *toujours* la loi nous indique que les époux ne peuvent renoncer à leur droit de révocation. La révocabilité est de l'essence des donations entre époux ; toute clause contraire serait nulle, même insérée à l'avance dans le contrat de mariage.

Le but de cette faculté est, nous le savons, de remédier à la trop grande facilité avec laquelle des époux pourraient se gratifier en cédant à l'entraînement ou à la crainte.

Le législateur prend soin de nous dire dans l'art. 1096 que la femme pourra révoquer sans l'autorisation de son mari. Cette dispense de l'autorisation maritale est une garantie du libre exercice du droit de révocation de la femme.

La donation entre époux n'est pas révocable pour cause de survenance d'enfants (art. 1096 *in fine*) ; nous avons déjà exposé ci-dessus les motifs de cette disposition, à propos de la donation entre époux par contrat de mariage ; nous n'y reviendrons pas ; nous remarquerons seulement qu'en matière de donation entre époux, pendant le mariage, il y avait une raison de plus de le décider ainsi ; à quoi bon, en effet, eût servi une révocation pour cause de survenance d'enfants, puisque la donation entre époux est révocable au gré du donateur ?

L'on peut se demander, pour cette même raison, s'il y aurait utilité à déclarer la donation entre époux révocable pour cause d'inexécution des conditions, ou pour cause d'ingratitude ; certes, cette faculté ne peut conférer aucun droit nouveau au donateur, mais il n'en est pas de même à l'égard de ses héritiers ; ceux-ci n'ayant pas la faculté de révoquer *ad nutum*, pourront user du droit de révocation pour causes déterminées, c'est-à-dire, soit pour cause d'inexécution des conditions, soit pour cause d'ingratitude (art. 954-955).

Formes de la révocation. Les donations entre époux peuvent être révoquées expressément ou tacitement.

1° Révocation expresse. — Elle peut avoir lieu: 1° par un acte devant notaires, portant déclaration du changement de volonté ; la déclaration expresse devra être rédigée en minute et lue en présence du notaire en second ou des deux témoins. (Loi du 21 juin 1843, art. 1er.) 2° Par un testament postérieur.

2° Révocation tacite. — Il y a révocation tacite toutes les fois que le donateur aliène le bien donné, soit à titre gratuit, soit à titre onéreux ; peu importe même si l'aliénation n'a pas été maintenue par suite d'une clause résolutoire : le donateur a suffisamment démontré, en aliénant, son intention de révoquer. Nous appliquons, du reste, aux donations entre époux l'art. 1038, aux termes duquel : toute aliénation, celle même par vente avec faculté de rachat ou par échange que fera le testateur de tout ou partie de la chose léguée, emporte la révocation du legs pour tout ce qui a été aliéné, encore que l'aliénation postérieure soit nulle et que l'objet soit rentré dans la main du testateur. Toute aliénation de l'objet donné, émanée du donateur, est donc une révocation de la libéralité entre époux ; il faut, toutefois, que cette aliénation soit librement consentie, l'erreur ou la violence étant destructives du consentement, l'on ne peut dire, en pareil cas, que l'aliénation soit révocatoire de la donation.

Il y a également révocation tacite lorsque le donateur dispose par testament du bien donné, soit en faveur d'un tiers, soit en faveur de son conjoint lui-même. Il en serait de même de toute disposition testamentaire incompatible avec l'existence de la donation.

L'on a soutenu que lorsque l'époux donateur fait à un tiers une donation qui, réunie à celle de son conjoint excède le disponible, il y a révocation jusqu'à concurrence de l'excédant. Cette opinion nous paraît peu fondée ; une révocation suppose de la part du donateur une manifestation de volonté; or, rien ne prouve que le donateur en faisant de nouvelles libéralités ait entendu révoquer celle qu'il a faite à son conjoint ; il a pu se tromper sur l'état de sa fortune, et, lors même qu'il aurait su que sa dernière libéralité dépassait ce dont la loi lui permettait alors de disposer, ne pouvait-il pas espérer laisser à sa mort assez de biens pour que toutes les libéralités réunies n'excédassent pas son disponible.

Nous pensons qu'il doit en être de même au cas où le donateur aurait contracté des dettes considérables; le fait de contracter des dettes n'indique pas chez le donateur l'intention de révoquer; les créanciers ne peuvent se plaindre, car ayant suivi la foi de leur débiteur, ils l'ont par cela même laissé maître de disposer de ses biens comme il l'entendrait. Ils n'ont point la ressource de l'art. 1166, car le droit de révocation est un droit exclusivement attaché à la personne du donateur ; mais, en cas de fraude, ils pourraient exercer l'action Paulienne (art. 1167).

S'il s'agissait d'une donation de biens à venir, il est évident que cette libéralité serait révoquée en tout ou en partie par les dettes ou donations postérieures, car elle ne peut avoir pour objet que les biens laissés par le défunt.

La constitution d'une hypothèque sur l'immeuble donné à l'époux n'est pas une révocation de la libéralité. Si le donataire est contraint en raison de cette hypothèque de payer une dette du défunt, nous lui appliquerons le bénéfice de l'art. 874; il sera subrogé comme un légataire aux droits du créancier contre les héritiers du défunt (art. 874, 1251-3°).

Cependant s'il résultait, soit d'une déclaration expresse, soit même des circonstances, que l'époux donateur en hypothéquant le bien donné a entendu le révoquer jusqu'à concurrence du montant de cette hypothèque, cette manifestation de sa volonté devrait recevoir son effet; le donataire supporterait définitivement le paiement de la dette.

A la différence de la constitution d'hypothèque, l'établissement d'une servitude est une révocation partielle de la donation; cela tient à la différence existant entre une servitude et une hypothèque. La servitude est un démembrement du droit de propriété; le donateur, en la constituant, aliène quelque chose, puisqu'il diminue de valeur sa propriété. L'hypothèque, au contraire, n'est que la garantie accessoire d'une dette ; elle n'est point par elle-même une aliénation.

La loi prohibe les donations mutuelles entre époux par un seul et même acte (art. 1097). Cette disposition est une garantie de la révocabilité elle-même; c'est pour ce même motif que l'article 968 prohibe les testaments conjonctifs. Lorsque deux libéralités se présentent dans un même acte, l'une apparaît comme la conséquence de l'autre : l'un des époux n'a peut-être consenti à donner que parce qu'il recevait lui-même une libéralité de son conjoint; dès lors, comment permettre à l'un des époux de révoquer à l'insu de son conjoint; si on le lui permettait, il y aurait surprise, et l'autre époux se trouverait victime de sa bonne foi.

Le don mutuel par un seul et même acte présentait de graves inconvénients : c'est avec raison que le législateur de 1804 ne voulut pas le reproduire dans notre Code.

Remarquons que la loi ne prohibe les donations mutuelles et réciproques entre époux qu'autant qu'elles sont faites par un seul et même acte; ainsi les époux peuvent s'avantager mutuellement par des actes séparés; mais alors chacune de ces libéralités apparaît avec un caractère qui lui est propre; les époux sont suffisamment avertis que les donations dont ils se sont gratifiés sont indépendantes l'une de l'autre, et qu'ils peuvent user de leur droit de révocation en toute liberté.

Avant de passer à l'étude de la quotité disponible, qui forme l'objet de notre troisième chapitre, nous devons examiner certaines questions que fit naître la révocabilité des donations entre époux.

Première question. — Le droit de révocation du donateur est-il opposable aux tiers détenteurs? Nous répondrons affirmativement : la donation entre époux est une donation sous condition résolutoire; les tiers, qui traitent avec le donataire, sont suffisamment avertis par les registres de la transcription, qu'ils s'exposent à être évincés si le donateur révoque la donation.

Deuxième question. — Les donations entre époux sont-elles révoquées de plein droit par la séparation de corps?

Nous avons déjà eu occasion d'examiner cette question à propos des donations par contrat de mariage; nous avons admis, conformément à l'opinion générale, que la séparation de corps opérait à leur égard une révocation de plein droit;

nous donnerons la même solution à l'égard des donations entre époux; car, s'il est vrai que la séparation de corps ait pour effet, comme nous le croyons, de révoquer de plein droit les donations entre époux par contrat de mariage, *à fortiori*, doit-il en être de même des donations pendant le mariage, donations essentiellement révocables.

Troisième question. La donation de biens présents entre époux pendant le mariage est-elle caduque par le prédécès du donataire?

Dans nos pays de droit écrit, la donation entre époux était traitée comme une donation à cause de mort, et par conséquent caduque par le prédécès du donataire. Cette révocation était conforme aux principes en matière de donation à cause de mort; car nous savons que par cette donation le donateur n'entendait se dépouiller qu'autant qu'il viendrait à prédécéder. Dans notre Code la donation entre époux ne peut être assimilée à l'ancienne donation à cause de mort; l'art. 893 ne reconnaît que deux manières de disposer : la donation entre vifs et le testament; la donation entre époux est une donation entre vifs, rien ne peut nous autoriser à lui appliquer les règles d'une institution abrogée : elle ne diffère de la donation ordinaire que par la révocabilité; cette différence n'empêche pas qu'elle ne soit, comme elle, transmissible aux héritiers du donataire au cas de prédécès de ce dernier avant l'époux donateur.

Cette solution ne laisse pas néanmoins que d'être vivement controversée par bon nombre d'auteurs : les uns prétendent que le Code a voulu rétablir la donation à cause de mort; nous savons déjà à quoi nous en tenir à ce sujet. Les autres soutiennent seulement que la révocabilité de biens présents entre époux, pendant le mariage, entraîne comme conséquence la caducité par le prédécès du donataire. On argumente en ce système de l'art. 1092. Cet article porte que la donation par contrat de mariage n'est pas révoquée par le prédécès du donataire : donc dit-on *à contrario* celle pendant le mariage est révoquée pour cette cause.

Ce n'est là qu'un argument *à contrario;* nous savons, en outre, à quoi nous en tenir sur la disposition de l'art. 1092; nous savons qu'elle ne présente qu'une utilité historique : l'on ne peut en tirer aucun argument sérieux.

Après cet argument *a contrario,* vient un argument *a fortiori;* la donation de biens à venir n'est révocable quedans une certaine limite (art. 1083), et cependant on la déclare caduque par le prédécès du donataire (art. 1089) ; *a fortiori,* doit-il en être de même de la donation de biens présents? Cet argument a le tort de faire dépendre la caducité de la révocabilité. Si la donation de biens à venir est révoquée par le prédécès du donataire, cela tient à la nature des biens sur lesquels elle porte; cette donation met toute la vie du donateur à se parfaire. C'est là une des conditions de son existence; la condition venant à faire défaut, la donation est nulle. Il n'en est pas de même de la donation de biens présents entre époux : elle est parfaite du jour où les conditions voulues ont été remplies; le donateur s'est dessaisi entièrement envers le donataire, sauf un seul droit que lui réserve la loi : le droit de révocation. Ce droit, le donateur le conserve jusqu'à sa dernière heure; il peut toujours l'exercer, même à l'encontre des héritiers du donataire; mais dire que la donation sera révoquée par le prédécès du donataire, ce n'est plus interpréter la loi, c'est la refaire.

CHAPITRE III.

DE LA QUOTITÉ DISPONIBLE ENTRE ÉPOUX.

Cette quotité est uniforme pour toutes les libéralités que deux conjoints peuvent se faire par actes entre vifs ou par testament; le mineur, relevé un moment de son incapacité, lorsqu'il lui faut traiter de ses intérêts pécuniaires dans son contrat de mariage, redevient, après le mariage, incapable de disposer entre vifs; cependant il peut, à l'âge de seize ans révolus, disposer par testament de la moitié de ses biens; son disponible est alors de la moitié de celui d'un majeur.

Nous diviserons l'étude de cette matière en trois sections; dans la première, nous rechercherons quelle est l'étendue de la quotité disponible entre époux sans enfants d'un premier lit; dans la seconde, de son étendue au cas d'enfants d'un premier lit; dans la troisième, nous traiterons de la réserve et de la réduction.

SECTION PREMIÈRE.

Etendue de la quotité disponible entre époux, sans enfants d'un premier lit.

Trois hypothèses sont à distinguer :

Première hypothèse. — Le disposant ne laisse ni ascendants ni descendants. Rien ne limite alors la faculté de disposer entre époux.

Deuxième hypothèse. — Le défunt laisse des ascendants.

A la différence de la précédente, cette hypothèse est prévue par notre art. 1094, dans sa première partie; l'époux peut alors disposer, en faveur de son conjoint, en propriété de tout ce dont il pourrait disposer en faveur d'un étranger, et, en outre, de l'usufruit de la portion dont la loi prohibe la disposition au préjudice des héritiers. Le conjoint pourra donc recevoir la moitié ou les trois quarts en toute propriété, et en outre, l'usufruit de l'autre moitié ou de l'autre quart, selon qu'il y aura des ascendants dans chacune des deux lignes ou dans l'une d'elles seulement. Cette disposition est peu justifiable; vainement a-t-on prétendu, cependant, que la loi a voulu par là permettre au survivant de conserver la position de fortune qu'il avait occupée du vivant de son conjoint; il n'en est pas moins vrai que la portion réservée aux ascendants est à peu-près illusoire; les ascents n'ont que l'expectative d'une propriété provisoirement aux mains de personnes jeunes encore; ils peuvent, il est vrai, aliéner leur nue-propriété, mais peu d'acheteurs se soucieront d'une telle acquisition.

Cette disposition ne peut, selon nous, s'expliquer que par l'influence de notre ancien droit. Bien différent de notre système successoral actuel, le droit coutumier réglait la dévolution des biens d'après la règle *paterna paternis, materna maternis* : tel qui succédait aux propres ne succédait pas aux acquêts et réciproquement. La quotité disponible entre époux ne pouvait porter que sur les biens composant la communauté; c'est à dire les meubles et acquêts. Les propres retournaient aux ascendants de la ligne d'où ils provenaient; le droit des ascendants était double; ils avaient droit : 1° aux propres de leur ligne; 2° à la nue-propriété des biens sur lesquels portait le don mutuel. Notre Code reproduisit l'ancienne disposition édictée pour le don mutuel sans prendre garde qu'il réduisait ainsi le droit de l'ascendant à une quotité insignifiante.

Troisième hypothèse : Le disposant laisse un ou plusieurs enfants ou descendants ?

Cette hypothèse est prévue dans la deuxième partie de l'article 1094 : « Pour le cas où l'époux donateur laisserait des enfants ou descendants, il pourra donner à l'autre époux un quart en propriété et un autre quart en usufruit, ou la moitié de tous ses biens, en usufruit seulement. »

L'on peut s'étonner au premier abord de voir la loi donner au disposant l'option entre la faculté de donner à son conjoint un quart en propriété et un quart en usufruit, ou la moitié en usufruit seulement; n'est-il pas évident que qui peut le plus peut le moins, et qu'il était bien inutile de dire que l'on pourra donner la moitié de tous ses biens en usufruit, quand l'on a déjà le droit de donner un quart en propriété et un quart en usufruit. Cette disposition n'est pourtant point le résultat d'une méprise; le législateur n'a pas voulu que l'on fît porter la libéralité sur une portion de biens plus grande que la moitié des biens. Le disposant eût pu raisonner de la manière suivante : Si je puis donner un quart en propriété et un quart en usufruit, je pourrais donner une portion plus grande en usufruit : les trois quarts de mes biens, par exemple. C'est pour éviter toute incertitude à cet égard que le législateur de 1804 édicta la disposition que nous venons de rapporter ; ce n'est pas dans le sens d'une option que l'on doit l'interpréter, ce qui ferait dire au législateur une naïveté, mais dans le sens d'une prohibition. Il reproduit à notre sens l'ancienne disposition de l'article 17 du projet sur les donations : cet article portait que : « la donation en usufruit ne « pourrait excéder la quotité dont on pourrait « disposer en propriété, de telle sorte que le don « d'un usufruit ou d'une pension est réductible « au quart, à la moitié, au tiers du revenu, dans « les cas ci-dessus exprimés. (Fenet, tome II, page 276.) Cette limite parut trop rigoureuse aux rédacteurs du Code, et le projet fut modifié dans le sens de l'article 917, aux termes duquel les hériters sont tenus d'exécuter le legs d'usufruit en entier, s'ils ne préfèrent abandonner le disponible en toute propriété. L'article 1094, au contraire, resta ce qu'il était dans le projet primitif.

Sur l'article 1094 se présente cette fameuse controverse, sur le point de savoir si la loi a entendu établir une limite fixe et invariable à la faculté de disposer entre époux, ou si au contraire, elle a entendu édicter une disposition de faveur à laquelle les époux peuvent renoncer lorsque le droit commun leur est plus avantageux. En un mot, l'article 1094 est-il limitatif ou extensif du droit commun ?

Jusqu'en 1842, cette question n'avait fait aucun doute; la jurisprudence et la doctrine se confondaient dans un accord unanime, pour dire que l'article 1094 édictait une quotité spéciale et limitative.

Mais à cette époque apparut un ouvrage sorti de la plume d'un savant professeur de la faculté de Toulouse, M. Benech. Ce jurisconsulte nous démontre d'une façon brillante que notre article 1094 dit plus qu'il ne paraît, et que loin de vouloir établir une limite aux dispositions entre époux, il étend au contraire en leur faveur la quotité disponible ordinaire.

L'ouvrage de M. Benech vint jeter des doutes là où existait précédemment la certitude. Pour nous, nous pensons qu'il faut encore s'en tenir à l'ancienne doctrine, et dire que l'article 1094 établit entre les époux une quotité qui ne saurait être dépassée. L'exposé de notre opinion nous servira de réponse aux arguments invoqués par M. Benech.

Qui ne serait frappé à première vue de l'ensemble établi par le chapitre IX, dans la matière des donations entre époux; le législateur passe en revue chacune des donations permises;

pour les unes, il renvoie à des règles déjà établies; pour les autres il établit des règles nouvelles; il parle de la capacité des parties; enfin il exposé d'une manière complète la quotité disponible entre époux.

Première objection.—Nos adversaires nous disent que la loi s'est montrée partout favorable aux époux et qu'il serait bizarre que, dans un seul cas, celui où il n'y a qu'un enfant, elle eût abandonné son système de faveur. A cela nous répondons que la loi pose une règle. Cette règle est tantôt plus tantôt moins favorable que le droit commun; mais si le mariage est digne de faveur, ce n'est pas une raison pour se montrer plus favorable que la loi elle-même. Le législateur avait à concilier deux intérêts distincts: d'une part, l'intérêt des enfants, d'autre part l'affection conjugale; l'équité demandait qu'aucun de ces intérêts ne fût sacrifié à l'autre, et pour cela l'on établit à l'égard de l'époux la règle uniforme de l'article 1094. Cette quotité se trouve inférieure à celle de l'article 913, lorsqu'il y a qu'un enfant; mais c'est que le législateur a pensé que c'eût été porter une trop grave atteinte à la réserve de l'enfant que d'accorder aux époux entre eux la même capacité qu'à l'égard d'un étranger Les époux peuvent user il est vrai, de cette faculté à l'égard d'un tiers, mais alors leur propre intérêt, celui de leur enfant, parle assez haut pour les empêcher de se dépouiller. Entre eux, au contraire, les époux ne se refuseraient jamais à se faire don du plus fort disponible; c'est donc avec raison, selon nous, que la loi établit entre eux une limite raisonnable à la faculté de disposer : *lex arctius prohibet quod facilius fieri putat.*

Deuxième objection : — L'article 1094, n'est pas fait pour le cas où il n'y a qu'un enfant, le texte suppose qu'il y a des enfants, et alors il crée pour les époux une faculté plus grande que celle permise par le droit commun; aussi la loi dit-elle *pourra.*

Cette objection nous paraît d'une portée bien faible; il est évident que lorsque la loi parle d'enfants au pluriel, elle se sert de termes généraux pour comprendre aussi bien le cas où il n'y a qu'un enfant que le cas où il y en a plusieurs; la loi dit : pourra, parce qu'elle crée quelque chose de facultatif; et nous ne voyons pas comment lorsque l'on dit à une personne : vous pourrez faire telle chose, cette personne pourrait se croire autorisée à faire quelque chose de plus. Du reste, si nos adversaires veulent absolument que la loi se serve de la formule négative toutes les fois qu'elle veut créer une prohibition, nous invoquons d'une façon victorieuse l'article 1099 :

« Les époux ne pourront se donner indirecte-
« ment au-delà de ce qui leur est permis par les
« dispositions ci-dessus. »

Rien de plus clair ni de plus formel que cet

article, il est à lui seul la réfutation du système que nous combattons. Mais suivons encore M. Benech dans son argumentation.

3° *Objections tirées des travaux préparatoires.* — Le projet primitif contenait une quotité disponible plus forte envers l'étranger qu'à l'égard de l'époux; il y eut révision, et par oubli la disposition établie pour les époux resta la même, tandis que celle à l'égard de l'étranger était augmentée; il en résulta que la quotité disponible établie en faveur de l'époux se trouva être la plus faible. Cette conséquence est inadmissible, dit M. Benech, elle ne peut être que le résultat d'un oubli. Nous répondons que ce n'est là qu'une assertion; rien ne prouve qu'il y ait eu méprise dans la rédaction de notre article. Serait-ce parce que le mot *héritiers* fut laissé dans l'article 1094; nous concédons que puisque le Code n'accordait plus de réserve aux collatéraux, le mot ascendants eût été plus exact; mais l'on ne peut conclure de là que toute la teneur de notre article ne fut maintenue que par oubli.

Les paroles de M. Berlier ne peuvent rien prouver en faveur du système que nous combattons; loin de là elles prouvent, au contraire, que M. Berlier prévoyait le résultat choquant auquel aboutissait la proposition de M. Cambacérès, c'est que l'on allait permettre au second époux de recevoir, non pas autant, mais plus que le premier époux.

L'article 161 du projet accordait au second époux une part d'enfant en usufruit seulement. M. Cambacérès proposa de donner cette part en propriété; alors survint l'amendement de M. Berlier.

Enfin si un doute était encore possible, nous invoquons à notre tour les travaux préparatoires; ils nous montrent que le système de M. Benech fut présenté par le tribunat lors de la communication officieuse qui lui fut faite du projet relatif aux donations entre époux; l'amendement proposé par le Tribunat était ainsi formulé : « La section pense qu'il est juste qu'un époux puisse donner à l'autre tout ce dont il pourrait disposer en propriété envers un étranger. » Le conseil d'État ne tint pas compte de cette réclamation, il maintint purement et simplement l'article 151 du projet Jacqueminot. Que faut-il en conclure, si ce n'est que les rédacteurs de notre Code, parfaitement éclairés sur la question qui nous occupe, ne voulurent rien faire de plus en faveur de l'époux, que ce qu'ils ont fait?

Terminons cette longue discussion en rapportant les paroles de M. Bigot-Préameneu dans son exposé des motifs : « Si l'un des époux a laissé « des enfants,..... il ne pourra être autorisé à « laisser à l'autre époux qu'une partie de sa for- « tune, et cette quotité est fixée au quart de tous

« les biens en propriété et un autre quart en « usufruit. »

C'est dans le même sens encore que M. Jaubert s'exprimait dans son rapport au Tribunat : « S'il reste des enfants du mariage, l'époux survivant ne peut avoir qu'un quart en propriété « et un quart en usufruit ou la moitié de tous les « biens en usufruit seulement; si la disposition « avait excédé ces bornes, elle serait réduite pro« portionnellement. »

Ces paroles sont le meilleur commentaire que l'on puisse donner des art. 1094 et 1098.

L'on s'est demandé ce qu'il faudrait décider au cas où l'un des époux donnerait à l'autre, sous l'alternative offerte par la loi elle-même, un quart en propriété et un quart en usufruit, ou une moitié en usufruit seulement.

Cette question est certainement plus théorique que pratique; cependant en admettant qu'elle se présente, nous appliquerions les principes établis en matière d'obligations, et nous déciderions que le choix appartiendrait aux héritiers du mari : « Dans le doute, la convention s'interprète contre « celui qui a stipulé en faveur de celui qui a « contracté l'obligation (art. 1162). » L'article 1190 est encore plus formel : « Le choix « appartient au débiteur s'il n'a pas été expres« sément accordé au créancier. » Enfin, l'art. 1022 porte que l'héritier a le droit d'appréciation dans le cas où le défunt a mis à sa charge le legs d'une chose indéterminée. Ces articles ne prévoient pas, il est vrai, le cas d'un legs alternatif, mais ils nous démontrent que, soit en matière d'obligations, soit en matière de legs, c'est toujours la personne du débiteur qu'il faut prendre en considération, à moins de convention contraire.

Le disposant a donné à son conjoint tout le disponible : quel sera le montant de cette donation ?

Une telle disposition est une donation de biens à venir, l'on appréciera le disponible au décès du donateur. Il sera d'un quart en propriété et d'un quart en usufruit si le défunt laisse des enfants; ce sera la moitié ou les trois quarts en propriété, plus l'usufruit de la portion réservée s'il laisse des ascendants dans chacune des deux lignes ou dans l'une d'elles seulement; enfin, ce sera la totalité des biens du défunt s'il ne laisse aucun héritier réservataire, c'est-à dire, ni descendants, ni ascendants.

L'époux donateur pourrait-il dispenser son conjoint de fournir caution ?

Aux termes de l'art. 601, le donateur d'un usufruit peut dispenser le donataire de fournir caution. Cette disposition est-elle applicable en matière de donations entre époux?

En droit commun, la dispense de fournir caution ne peut en aucune façon nuire à la réserve des héritiers ; en effet, de deux choses l'une : ou la donation d'usufruit excède le disponible, et alors ils ont l'option de l'art. 917, ou bien elle ne l'excède pas, et alors la dispense de la caution ne porte aucune atteinte à leurs droits. Au contraire, lorsqu'il s'agit de donations entre époux, nous voyons la loi faire porter le disponible sur une quote-part de la nue-propriété réservée, soit aux ascendants, soit aux descendants. L'on conçoit dès lors quel intérêt ces derniers peuvent avoir à ce que la caution soit fournie : ils ont à sauvegarder leur réserve; leur seule garantie est la caution, il ne doit donc pas être permis au donateur d'en dispenser son conjoint, autrement ce serait lui permettre de donner plus que la loi ne permet.

Au cas d'enfants mineurs de dix-huit ans, le conjoint donataire se trouve être en même temps usufruitier légal de leurs biens (art. 384) ; en ce cas il est dispensé de fournir caution ; mais cette dispense, il la tient non plus de la volonté du défunt, mais de la loi (art. 601).

L'usufruit légal cessant, lorsque l'enfant a atteint l'âge de dix-huit ans, nous pensons que le conjoint donataire d'usufruit devrait alors fournir caution.

SECTION II.

Quotité disponible entre époux au cas d'enfants d'un premier lit.

Il existe des enfants d'un premier lit, le survivant des père et mère contracte un second mariage. L'intérêt des enfants du premier lit réclamait une protection toute particulière contre les entraînements d'un amour conjugal irréfléchi. Notre législateur n'avait pour cela faire qu'à suivre les traditions du passé. Nous savons, en effet, comment sous les empereurs chrétiens les constitutions *fœminæ quæ*, *generaliter* et *hac edictali* vinrent assurer aux enfants d'un premier lit une situation à l'abri des dangers d'une nouvelle union. Ces sages dispositions étaient appelées à traverser les âges pour arriver jusqu'à nous. En 1560, nous les voyons revivre sous l'impulsion du célèbre chancelier L'Hospital, qui fit porter l'édit des secondes noces.

Notre législateur reproduisit le premier chef de l'édit, celui qui correspondait à la constitution *hac edictali ;* l'art. 1098 n'en diffère que par l'amendement de M. Berlier. Le deuxième chef fut laissé de côté il était incompatible; avec les principes nouveaux : égalité dans le partage, prohibition des substitutions. Nous avons vu, en effet, précédemment que la prohibition faite au survivant d'aliéner les biens qu'il avait reçus de son premier conjoint, aboutissait qu'à une substitution *fidéicommissaire*. Or, aux termes de l'art. 896, les substitutions sont prohibées.

L'art. 1098 est ainsi conçu : « L'homme ou la femme qui ayant des enfants d'un autre lit contractera un second ou subséquent mariage, ne pourra donner à son nouvel époux qu'une part d'enfant légitime le moins prenant, et sans que « dans aucun cas ces donations puissent excéder « le quart des biens. »

Nous diviserons l'étude de cette nouvelle quotité disponible en deux paragraphes : dans le premier nous parlerons de l'étendue de cette quotité ; dans le second nous verrons quels avantages sont sujets à réduction.

§ I. Lorsque des époux n'ont pas d'enfants d'un précédent mariage, la quotité disponible entre eux est plus étendue que la quotité disponible ordinaire, à l'exception du cas où il n'y a qu'un enfant. Elle devient au contraire moins étendue lorsque l'époux donateur a déjà des enfants d'un premier lit. La première, celle de l'art. 1094, contient un maximum invariable ; la deuxième, celle de l'art. 1098, nous présente, au contraire, une quotité variant avec le nombre d'enfants, sans pouvoir jamais être supérieure au quart des biens du disposant.

L'art. 1098 contient trois restrictions au droit

commun : 1° le disponible est une part d'enfant ; 2° cette part ne peut être supérieure à celle d'un enfant le moins prenant ; 3° elle ne peut excéder le quart de la succession du *de cujus*.

Reprenons chacune de ces restrictions : 1° le disponible est d'une part d'enfant. Pour déterminer la part d'enfant qu'il s'agit d'accorder à l'époux donataire, l'on divisera l'hérédité en autant de parts qu'il y a d'enfants, plus une part pour l'époux ; les enfants renonçants ou indignes ne comptent point, car la réserve est une portion de la succession *ab intestat* : il faut être héritier pour y avoir droit ; les renonçants ou les indignes n'ont plus cette qualité, comment dès lors soutenir qu'ils doivent compter dans le calcul de la réserve.

Si l'un des enfants était décédé, laissant lui-même des enfants, ceux-ci viendraient à la succession par représentation de leur père, compteraient pour une tête (art. 914). Mais, s'il ne restait que des descendants d'enfants eux-mêmes prédécédés, ils succéderaient tous de leur chef et par tête; en ce cas, ne faudrait-il encore attribuer au conjoint donataire qu'une part égale à celle de chaque copartageant? Cette question était résolue affirmativement par Pothier et Lebrun; mais cela tenait à ce qu'en présence des termes peu précis de l'édit des secondes noces, l'on cherchait, autant que possible, à restreindre la quotité permise envers le deuxième conjoint. (L'édit portait : que les veufs ou les veuves ne pourraient donner à leurs nouveaux conjoints plus qu'à un de leurs enfants ou enfants de leurs enfants.) Les termes de l'art. 1098 ne sauraient, au contraire, laisser aucun doute à cet égard : c'est une part d'enfant qu'il accorde et non une part de petit-enfant. L'on conçoit, du reste, qu'il ne saurait dépendre de la volonté des enfants de restreindre le disponible à l'égard du deuxième conjoint; en effet, par leur renonciation, ils feraient concourir l'époux avec des héritiers plus nombreux.

Deuxième restriction. — La part d'enfant réservée à l'époux est celle d'un enfant le moins prenant.

Il est de principe en notre législation que chacun des enfants doit recevoir une part égale de succession ; nous n'avons plus de droit d'aînesse ni de masculinité; néanmoins le disposant peut encore avantager l'un ou l'autre de ses enfants en lui donnant ou léguant, par préciput, tout ou partie de la quotité disponible (art. 919). Cette faculté laissée aux père et mère est un puissant moyen de faire respecter leur puissance paternelle.

Si nous supposons que l'un des enfants du *de cujus* ait été ainsi avantagé, ce ne sera pas sur sa portion que se calculera la part du conjoint, mais sur celle de l'enfant le moins prenant. L'on déduira de la succession le préciput fait à l'enfant avantagé, et l'on divisera le restant de l'actif entre les enfants et le conjoint. Il est certain que si l'un des enfants avait moins que sa portion légitime, cette inégalité ne pourrait nuire à l'époux dont la part doit être toujours au moins égale à celle de la réserve de l'enfant.

Troisième restriction : En aucun cas la part d'enfant ne pourra excéder le quart des biens du disposant. Nous savons que cette nouvelle restriction n'est pas ancienne, et qu'elle fut insérée dans notre Code sur l'amendement proposé par M. Berlier.

Le disposant a donné le disponible ; quelle sera l'étendue de cette libéralité ?

La quotité disponible ne peut s'apprécier qu'au décès du disposant ; ce sera tantôt la quotité de l'art. 1098, tantôt celle de l'art. 1094 qu'il faudra appliquer, selon que le défunt aura laissé des enfants du premier ou seulement du second lit.

La disposition est d'une part d'enfant : que donnerons-nous à l'époux ? Nous pensons que lorsqu'un époux a des enfants d'un premier lit, et qu'il donne à son conjoint une part d'enfant, il espère laisser au moins un enfant de son premier mariage ; le disponible est alors fixé par l'article 1098, lors même que les enfants du premier lit seraient tous prédécédés.

Il en serait autrement, toutefois, si le donateur manifestait clairement son intention à cet égard.

Une question controversée est celle de savoir ce que l'on devra décider au cas de plusieurs convols successifs ; le donateur peut-il disposer d'une part d'enfant envers chacun des nouveaux époux ? Dans un premier système, l'on admet l'affirmative, mais on se divise sur l'étendue de cette faculté ; selon certains auteurs, l'époux aurait le droit de donner à chaque nouveau conjoint une part d'enfant, pourvu que toutes les donations réunies n'excèdent pas le disponible de l'article 913. Cette opinion est trop contraire au texte de l'article 1098, pour être un instant admissible ; l'on ne tient pas assez compte de ces expressions ; *sans que dans aucun cas ces donations puissent excéder le quart.*

Une deuxième solution a été fournie par les partisans du premier système ; on a dit : certes, il ne faut pas que toutes les donations réunies puissent excéder le quart des biens du donateur ; mais, tant que le disposant restera dans cette limite, il aura pu valablement donner à chaque nouveau conjoint une part d'enfant : par exemple, si le disposant avait sept enfants, il a pu donner successivement à chaque nouveau conjoint un huitième, car deux huitièmes n'excèdent pas le quart des biens du donateur. L'on se fonde en cette opinion sur le texte même de l'article 1098 : l'on dit que cet article ne prévoit pas seulement le cas d'un second mariage, mais le cas d'un subséquent mariage, c'est-à-dire d'un troisième ou d'un quatrième, et que tout ce qu'exige la loi, c'est que le donateur ne dispose pas de plus d'un quart de ses biens.

Deuxième système. Dans un deuxième système l'on dit que le donataire n'a pu disposer en tout et à l'égard de tous les conjoints ensemble, que d'une seule part d'enfant.

L'on se fonde surtout en cette opinion sur l'ancien droit ; en effet, il était avéré au temps de l'édit que tous les époux ensemble ne pouvaient recevoir qu'une part d'enfant. Or, cette doctrine ne fut point modifiée, lors de la rédaction de notre article. Loin de là, M. Bigot Préameneu, dans son exposé des motifs, nous apprend que l'on a entendu maintenir cette *sage disposition;* ces expressions sont celles dont il se sert lui-même. Autrefois, cette part d'enfant pouvait être de la moitié de la succession, elle ne peut aujourd'hui dépasser le quart ; mais rien n'indique que l'on ait voulu accorder au conjoint remarié le droit de disposer d'une part d'enfant à l'égard de chacun de ses nouveaux conjoints. Ainsi le disposant peut faire des donations à chacun d'eux; mais ces libéralités ne seront maintenues qu'autant que leur réunion n'excédera pas une part d'enfant. Ajoutons, du reste, cette considération, que la restriction du disponible, en cas de second ou de subséquent mariage, tient surtout à ce que le législateur a pris l'intérêt des enfants du premier lit ; or, il serait bizarre que le conjoint pût en se remariant augmenter son disponible.

§ II. *Avantages sujets à réduction.*

L'art. 1098 s'applique : 1° aux donations entre époux, soit par contrat de mariage, soit pendant le mariage ; 2° aux avantages indirects résultant soit des conventions de mariage, soit de l'adoption pure et simple du régime de communauté. Les art. 1496 et 1527 règlent cette seconde hypothèse ; le premier est relatif aux avantages résultant de la confusion du mobilier par suite de l'adoption pure et simple du régime de communauté, le second aux avantages résultant des conventions matrimoniales.

Les dispositions de ces articles sont une nouvelle rigueur contre l'époux dont le conjoint a déjà des enfants d'un premier mariage. Ainsi, tandis qu'en droit commun il est loisible aux futurs époux d'adopter le régime de communauté légale, alors même que l'un d'eux n'a par exemple que des meubles, l'autre des immeubles, la loi leur retire en partie cette faculté lorsque l'un d'eux a des enfants d'un premier mariage. L'avantage résultant de la confusion du mobilier est réductible à la quotité permise par l'article 1098. Aux termes de l'art. 1516, le préciput est regardé comme une convention de mariage et non comme une donation; aux termes de l'art. 1525, la donation de toute la communauté au survivant est assimilée à une convention entre associés; de telles dispositions deviennent réductibles lorsqu'elles sont faites à un second époux par un conjoint ayant des enfants d'un premier lit.

Les dispositions des art. 1496 et 1527 peuvent cependant se justifier autrement que par l'idée d'une rigueur nouvelle contre les nouveaux conjoints; en effet, lorsque deux époux n'ont que des enfants communs, l'intérêt de ces derniers ne souffrira pas beaucoup des donations que se feront leurs auteurs; ils retrouveront dans la succession du donataire ce qu'ils auraient trouvé dans la succession du donateur. Les intérêts des enfants sont, en pareil cas, pour ainsi dire confondus avec ceux de leurs père et mère; au contraire, en cas de nouveau mariage, ils en deviennent distincts, ils sont même en opposition avec ceux du nouvel époux.

3° L'art. 1098 est encore applicable aux avantages résultant de l'acceptation d'une succession mobilière, ou à la fois mobilière et immobilière. Si, en effet, cette succession tombe pour le tout ou en partie dans la communauté, c'est par suite du régime adopté; or, il n'y a point de motifs pour ne pas appliquer l'article 1496, qui statue d'une manière générale sur tous les avantages pouvant résulter de l'adoption du régime de communauté.

Quant aux bénéfices résultant des travaux communs ou des économies faites sur les revenus respectifs, ils ne sont pas considérés comme des avantages faits au préjudice des enfants du premier lit (art. 1527).

SECTION III.

De la réduction.

La réduction est la sanction de la réserve. La réserve est, nous le savons, la portion d'hérédité dont la loi prohibe la disposition.

Nous examinerons dans un premier paragraphe, en quel cas il y a lieu à réduction et de quelle manière l'on y procède; dans un deuxième, nous parlerons de l'action qu'elle fait naître et au profit de qui; dans un troisième, nous traiterons de la combinaison des art. 1094 et 1098, avec le disponible ordinaire.

§ I. *En quel cas y a-t-il lieu à réduction?*

Il y a lieu à réduction toutes les fois qu'une disposition réputée avantage par la loi dépasse la quotité disponible de l'art. 1094 ou celle de l'art. 1098. Pour savoir s'il y a lieu à réduction, l'on procédera d'après le mode indiqué par l'article 922, l'on fera une masse de tous les biens existants au décès du disposant, l'on y réunira fictivement les biens donnés et l'on calculera sur tous ces biens, après en avoir déduit les dettes, quelle est, eu égard à la qualité des héritiers qu'il laisse, la quotité dont le défunt a pu disposer. Si la donation faite au conjoint excède la quotité établie par l'art. 1094, il y aura lieu à réduction.

Lorsque l'époux donataire est un deuxième conjoint, l'on pourra procéder de la même façon, sauf que l'époux donataire sera compté pour une tête de plus. S'il y a excès sur le disponible permis par l'art. 1098, le conjoint subira un retranchement sur sa donation.

§ II. *Action en réduction. — Qui peut l'exercer?*

Lorsque la quotité disponible permise en faveur du premier ou du second conjoint a été dépassée, il y a lieu à l'action en réduction. Les personnes qui peuvent intenter cette action sont les héritiers réservataires ; la qualité d'enfant est insuffisante pour y avoir droit ; il faut être héritier ; par là se trouvent exclus les renonçants et les indignes.

Les enfants qui se portent héritiers ont tous droit à la même réserve, qu'ils soient légitimes, légitimés ou seulement adoptifs ; car l'adoption confère à l'adopté sur les biens de l'adoptant les mêmes droits que ceux d'un enfant légitime. (art. 350.)

Les enfants naturels ont eux-mêmes droit à une réserve dans la proportion indiquée par l'article 757 ; ils ont droit par conséquent à l'action en réduction dans la même mesure. Si un enfant naturel se trouve en présence d'un frère ou d'une sœur du *de cujus* et d'un légataire universel, il se produira ce résultat bizarre que la présence du frère ou de la sœur réduira la part de l'enfant naturel, sans que ce collatéral puisse lui-même tirer aucun profit de cette réduction. (art. 757.)

En cas de second mariage, l'action en réduction appartient à tous les enfants héritiers du *de cujus* sans distinguer entre les enfants du premier et ceux du second lit Les articles 1496 et 1527 n'établissent, il est vrai, de réduction qu'en faveur des enfants du premier lit ; mais ces articles veulent seulement indiquer que la présence d'enfants du premier lit sera une cause de réduction ; ils ne préjugent rien sur la question de savoir qui pourra intenter l'action en réduction ; or, l'article 745, pose le principe de l'égalité dans le partage, il veut que chacun des enfants prenne une part égale dans la succession; c'est nous dire que chacun d'eux doit avoir un droit égal à l'action en réduction.

Ainsi, lors même que les enfants du premier lit négligeraient d'intenter l'action en retranchement, cette renonciation ne pourrait nuire aux enfants du second lit. L'acceptation de la succession par les enfants du premier lit a mis dans le patrimoine commun le droit à la réduction; s'ils y renoncent, cette renonciation ne vaudra que pour leur part, qui accroîtra aux enfants du second lit. Cependant, s'il était démontré que les enfants du premier lit, après avoir accepté la succession, ont renoncé à leur action en réduction, non pas d'une manière générale, mais en faveur du conjoint donataire, en ce cas, nous pensons que cette renonciation serait valable pour la part des enfants du premier lit, et que ceux du second ne pourraient plus intenter l'action en réduction que dans la limite de leur portion héréditaire.

A défaut d'enfants ou descendants, la succession s'ouvre au profit des père et mère du *de cujus*. La réserve établie à leur profit est de moitié de la succession; ils pourront intenter l'action en réduction dans la même mesure. La présence de frères ou sœurs du *de cujus* ne change rien à ce résultat; ils sont appelés, il est vrai, à concourir avec les père et mère, mais seulement sur les biens laissés dans la succession *ab intestat*; en un mot, les frères ou sœurs n'ont point de réserve, par conséquent point d'action en réduction.

Le défunt a laissé des aïeuls ou aïeules en concurrence avec des frères ou sœurs : les frères ou sœurs sont les plus proches héritiers dans l'ordre *ab intestat*; mais, comme ils n'ont aucune *réserve*, ils ne peuvent critiquer les libéralités du défunt, lors même qu'elles absorberaient toute la succession. Les ascendants ne le peuvent davantage, car il leur manque la qualité d'héritiers; cette qualité est restée aux mains des frères ou sœurs.

On s'est demandé si, au moyen de la renonciation des frères et sœurs, les ascendants ne pourraient pas faire valoir leur qualité d'héritiers à réserve. Pour nous, nous pensons que ce serait là une entente frauduleuse, un dol qui ne saurait être permis à aucun titre. On a prétendu, cependant, que ce résultat ne provenait que de l'exercice d'un droit légitime : le droit de renonciation. Les frères et sœurs sont héritiers : ils peuvent, dit-on, renoncer à leur qualité. Nous répondons que, pour renoncer, il ne suffit pas d'avoir le titre d'héritier; il faut en avoir aussi l'émolument; on ne peut renoncer sérieusement à ce que l'on n'a pas. Nous sommes donc persuadés que la renonciation des frères et sœurs serait, de leur part, un acte inutile, incapable de transférer aux ascendants un droit nouveau. Personne n'ayant qualité en cette hypothèse pour intenter l'action en réduction, les donations faites au conjoint pourraient absorber toute l'hérédité.

D'autres personnes que les héritiers à réserve pourront encore exercer l'action en réduction, ce sont leurs créanciers ; l'art. 921 le dit formellement; à son défaut l'on y eût suppléé par l'application du principe de l'art. 1166.

Lorsqu'il y a eu acceptation sous bénéfice d'inventaire, les créanciers de la succession ne peuvent profiter de la réduction. Ce résultat paraît choquant au premier abord; des libéralités excessives ont été faites, l'héritier les fait réduire, profite de la réduction, puis se retranche derrière sa qualité d'héritier bénéficiaire. Les créanciers du défunt ne sont pas cependant aussi dignes d'intérêt qu'on pourrait le croire : de deux choses l'une, ou leur créance est postérieure à la donation, et alors ils ne peuvent se dire lésés ; ou, au contraire, elle est antérieure, mais alors que n'ont-ils exigé des sûretés réelles; il ne leur reste d'autre ressource que l'exercice de l'action Paulienne 1167).

Dans le cas où le défunt aurait laissé un passif supérieur à son actif, il faudrait modifier le mode de réduction indiqué par l'art. 822; car, si l'on faisait comme le veut cet article, une seule masse de tous les biens de la succession et de ceux donnés entre vifs, pour ensuite en déduire les dettes, les créanciers du défunt profiteraient de la réduction. Il faudra faire deux masses : l'une des biens donnés, l'autre des biens existants dans la succession ; ce sera sur la première que s'opèrera le calcul de la réserve et la réduction, la seconde sera abandonnée aux créanciers du défunt.

§ III. *Combinaison des art.* 1094 *et* 1098 *avec le disponible de l'art.* 913.

Pour nous guider dans l'étude des difficultés que présente cette matière, nous poserons tout d'abord trois règles :

Première Règle. — Aucune donation ne doit dépasser le disponible qui lui est propre.

Deuxième Règle. — La réunion des donations ne doit pas excéder le disponible le plus élevé.

Troisième Règle. — Il ne faut pas qu'un donataire ou légataire puisse profiter d'un disponible qui n'est pas le sien.

Nous distinguerons cinq situations possibles, et pour chacune d'elles nous supposerons qu'il y a eu double libéralité, l'une envers le conjoint, l'autre envers un tiers.

Première situation. — Il ne reste qu'un seul enfant commun.

Etant admis, comme nous l'avons soutenu, que le disponible entre époux ne peut jamais dépasser un quart en pleine propriété et un quart en usufruit, le disponible ordinaire se trouve en notre espèce être le plus élevé. Les solutions seront différentes selon que la donation faite à l'étranger se trouvera être la première ou la seconde en date.

Première hypothèse. — La donation faite au conjoint est la première en date. Le disposant après avoir donné à son conjoint un quart en propriété et un quart en usufruit, a pu encore donner valablement un quart en nue-propriété à l'étranger. Il a donné à son conjoint une moitié en usufruit, il a pu encore donner une moitié en nue-propriété à l'étranger.

Dans le cas où la donation faite au conjoint serait une donation pendant le mariage, il y aurait révocation jusqu'à concurrence de la deuxième donation si celle-ci portait sur le même objet.

Deuxième hypothèse. — La donation faite à l'étranger est la première en date :

1° L'étranger a reçu moitié en pleine propriété; il est certain que le *de cujus* a absorbé tout son disponible et que le conjoint ne peut plus rien recevoir ensuite, car il est de toute évidence que les deux disponibles ne peuvent pas être cumulés. Que deviendrait la réserve de l'enfant si nous supposions, par exemple, que le conjoint pût encore recevoir un quart en pleine propriété et un quart en usufruit? Elle serait réduite à un quart en nue-propriété. Une telle solution est inadmissible. Un arrêt de la Cour d'Agen s'était cependant prononcé en ce sens en 1810.

2° L'étranger a reçu un quart en pleine propriété et un quart en usufruit. Selon nous, l'époux ne peut plus rien donner à son conjoint; car à l'égard de celui-ci il a absorbé tout le disponible. Le décider autrement serait nous mettre en contradiction avec notre troisième règle ci-dessus énoncée qui se refuse à ce qu'un donataire ou légataire pût profiter d'un disponible qui n'est pas le sien.

3° L'étranger a reçu une moitié seulement en usufruit. Le conjoint a pu alors valablement recevoir un quart en nue-propriété.

Deuxième situation — Le donateur laisse trois enfants, ou un plus grand nombre (nous laissons provisoirement de côté le cas où il en laisse deux).

En pareil cas, la quotité disponible à l'égard de l'étranger est la plus faible: elle est du quart, tandis que celle à l'égard du conjoint est d'un quart en pleine propriété et d'un quart en usufruit.

Première hypothèse. —La donation faite à l'étranger est la première en date.

L'étranger a reçu un quart en nue-propriété, l'époux peut encore recevoir une moitié en usufruit. L'étranger a reçu une moitié en usufruit, l'époux peut encore recevoir un quart en nue-propriété ; nous supposons admis qu'une part en usufruit vaille la moitié en pleine propriété d'une égale valeur, d'après l'estimation donnée à l'usufruit, par la loi de frimaire, an VII. Si les héritiers du *de cujus* se refusaient à l'exécution du legs d'un enfant envers l'étranger, prétendant qu'il dépasse la quotité disponible, l'étranger aurait alors le droit d'invoquer le bénéfice de l'article 917 ; et comme il ne resterait de disponible à l'égard de l'époux que la valeur d'un quart en usufruit, ce dernier ne pourrait rien exiger de plus.

Deuxième hypothèse : — La donation faite à l'époux est la première en date. Voici quelles seront nos solutions :

1° L'époux a reçu un quart en pleine propriété; l'étranger ne peut plus rien recevoir.

2° L'époux a reçu un quart en nue-propriété, l'étranger peut encore recevoir un quart en usufruit.

3° L'époux a reçu un quart en usufruit, l'étranger peut recevoir encore un quart en nue-propriété.

4° L'époux a reçu une moitié en usufruit. Étant admis que l'usufruit vaille en propriété la moitié de son *quantum*, nous dirons que l'étranger ne peut plus rien recevoir, car le disponible à son égard a été absorbé. L'on a soutenu pourtant que l'étranger pouvait encore, en pareil cas, recevoir un quart en nue-propriété, nous rejetons cette solution comme contraire à notre principe, que nul donataire ou légataire ne peut profiter d'un disponible qui n'est pas fait pour lui.

En un mot, lorsque la donation faite à l'époux est la première en date, elle doit s'imputer d'abord sur le disponible de l'article 913; l'étranger ne peut réclamer que l'excédant de ce disponible; l'on doit raisonner à son égard comme s'il n'y avait point d'article 1094.

Troisième situation. — Le disposant a laissé deux enfants.

La quotité disponible à l'égard de l'étranger est d'un tiers en propriété; si l'on prend pour base l'estimation donnée à l'usufruit par la loi de frimaire, an VII, nous dirons qu'ici encore, le disponible à l'égard de l'époux est le plus élevé. En effet, ayant droit à un quart en propriété et un quart en usufruit, son disponible est des quatre douzièmes et demi de l'hérédité; il recevra un vingt-quatrième de plus que l'étranger, dont le disponible est de quatre douzièmes seulement.

Première hypothèse. — La donation faite à l'époux est la première en date.

Supposons que l'époux ait reçu un quart en pleine propriété, l'étranger ne peut plus rien recevoir. Si, au contraire, l'époux a reçu une moitié en usufruit seulement, l'étranger pourra encore recevoir valablement la différence entre une moitié en usufruit, et un tiers en pleine propriété, c'est-à-dire un douzième de l'hérédité (nous prenons toujours pour base l'estimation donnée à l'usufruit par la loi de frimaire).

Deuxième hypothèse. — La donation faite à l'étranger est, au contraire, la première en date.

L'étranger a reçu un tiers en pleine propriété, alors le conjoint peut encore recevoir un vingt-quatrième, car le disponible à l'égard de l'époux excède de cette valeur le disponible de l'étranger. Mais, remarquons que le défunt ayant absorbé tout le disponible en propriété, nous ne pourrons plus donner à l'époux que l'usufruit ; nous lui attribuerons une part d'usufruit égale à un vingt-quatrième de propriété, c'est à dire, un douzième en usufruit.

L'étranger a reçu une moitié en usufruit; cette donation ne vaut que le quart de l'hérédité ou trois douzièmes; il reste encore un douzième et demi de disponible au profit de l'époux.

Quatrième situation. — Le disposant ne laisse que des ascendants.

La quotité disponible à l'égard de l'étranger est de la moitié ou des trois quarts en propriété selon qu'il y a des ascendants dans chacune des deux lignes ou dans une seule; celle de l'époux se compose, en outre, de l'usufruit de la portion réservée.

Première hypothèse. — La libéralité faite à l'étranger est la première en date : il a reçu une libéralité qui absorbe toute la quotité disponible à son égard, l'époux pourra encore recevoir l'usufruit de la portion réservée aux ascendants.

La donation faite à l'étranger consiste dans l'usufruit de la totalité des biens; il ne reste plus de disponible envers le conjoint que la moitié ou les trois quarts en nue-propriété. Les héritiers du *de cujus*, les ascendants dans notre espèce, n'auront aucun intérêt à user du bénéfice de l'article 917; car il ne leur procurerait rien de plus que ce qu'ils ont, c'est à dire une moitié ou un quart en nue-propriété. Le conjoint donataire seul y aurait intérêt, mais ce droit lui est refusé par l'article 917 lui-même qui n'est fait que pour les héritiers à réserve.

La donation faite à l'étranger est une moitié en pleine propriété, l'époux peut encore obtenir soit l'usufruit de l'autre moitié, s'il y a des ascendants dans les deux lignes, soit un quart en pleine propriété et un quart en usufruit, s'il n'y a d'ascendants que dans une seule.

Deuxième hypothèse. — La donation faite à

l'époux est la première en date. Reprenons les mêmes espèces.

1° Le conjoint a reçu tout son disponible, l'étranger ne pourra évidemment rien réclamer;

2° Il a reçu en pleine propriété la moitié ou les trois quarts de l'hérédité; l'étranger ne peut encore rien réclamer; car le disponible a été absorbé à son égard;

3° Le conjoint a reçu l'usufruit de tous les biens du disposant, l'étranger peut réclamer le don qui lui a été fait jusqu'à concurrence de la moitié ou des trois quatrs en nue-propriété, selon la distinction ci-dessus établie.

Cinquième situation. — Le disposant laisse un ou plusieurs enfants d'un précédent mariage.

En pareil cas, la quotité envers le deuxième conjoint est, nous le savons, d'une part d'enfant le moins prenant, sans que cette part puisse excéder le quart. Le disponible à l'égard de l'étranger est alors le plus élevé; il est de la moitié, si le *de cujus* ne laisse qu'un enfant, du tiers s'il en laisse deux, du quart s'il en laisse trois ou un plus grand nombre (913). Ce n'est que dans ce dernier cas que la quotité disponible à l'égard de l'époux est égale au disponible ordinaire.

Les solutions à donner pour les différentes hypothèses qui pourraient se présenter n'offrent aucune difficulté. La quotité disponible se trouve-t-elle être du quart aussi bien à l'égard du conjoint qu'à l'égard de l'étranger, le donateur qui dispose envers l'un d'eux du quart de ses biens ne peut plus faire ensuite aucune disposition valable.

Dans les autres cas où le disponible à l'égard de l'étranger est le plus élevé, la donation faite au conjoint sera nulle ou valable, selon qu'elle sera postérieure ou antérieure en date à celle faite à l'étranger. Si elle est antérieure, la donation faite à l'étranger vaudra pour le surplus de la quotité la plus forte sur la plus faible. Si elle est postérieure, elle ne saurait avoir d'effet qu'autant que la donation faite à l'étranger serait elle-même inférieure au disponible de l'époux.

Nous avons raisonné jusqu'ici sur des hypothèses de libéralités entre vifs; que décider au cas où il s'agirait, soit de donations de biens à venir, soit de libéralités testamentaires? La quotité à l'égard de l'époux ou de l'étranger reste toujours la même, mais il se présente de nouvelles difficultés sur l'ordre à suivre dans la réduction. Nous ne pourrons plus opérer comme précédemment et annuler les donations postérieures lorsque les donations antérieures absorbent le disponible; examinons quelques espèces: 1° supposons une donation de biens à venir entre époux, suivie d'une autre donation envers un étranger. Nous devons tout d'abord faire une distinction entre le cas où la donation de biens à venir est vrons retrancher également un huitième de sa libéralité ; car il ne serait pas juste de le faire concourir pour tout le montant de sa libéralité sur le disponible le plus faible.

Prenons un exemple : soit une succession de 80,000 fr.; en présence d'un enfant, le disponible de l'étranger est de 40,000 fr., celui du conjoint est de 20,000 f. en propriété et 20,000 f. en usufruit. L'étranger a reçu 40,000 fr., le conjoint 30,000 fr. en pleine propriété, le disponible commun est trois huitièmes de l'hérédité ou 30,000 fr. Retranchant un huitième de la libéralité faite à l'étranger, nous dirons que sa libéralité est de 35,000 fr. Nous avons alors deux libéralités: l'une de 35,000 fr., l'autre de 30,000 fr., qu'il ne s'agit plus que de réduire proportionnellement : 30 est à 35 comme 6 est à 7; nous diviserons provisoirement le disponible commun en treize parties, nous en attribuerons six au conjoint et sept à l'étranger. Le treizième de 30,000 est environ 2,300; nous attribuerons donc 13,800 fr. au conjoint et 16,100 fr. à l'étranger. Mais ce dernier ayant droit au disponible le plus fort, qui est de 40,000 fr. dans notre espèce, nous lui attribuerons en totalité les 10,000 f. disponibles encore à son égard.

2e *hypothèse*. — Il existe un enfant d'un premier lit.

La quotité disponible est, en ce cas, de la moitié des biens à l'égard de l'étranger, du quart à l'égard du deuxième conjoint.

Procédant comme ci-dessus, nous réduirons à un quart le disponible de l'étranger ; par contre, nous diminuerons aussi de moitié la libéralité qu'il a reçue, puis, après le partage proportionnel du disponible commun, nous donnerons à l'étranger l'excédant de son disponible sur celui de l'époux ; l'étranger aura reçu ainsi un quart et demi ou trois huitièmes, l'époux un demi-quart ou un huitième.

3ᵉ *hypothèse.* — Supposons trois enfants communs.

Le disponible à l'égard du conjoint est ici le plus élevé ; il est de un quart en propriété et un quart en usufruit ; celui de l'étranger n'est que d'un quart en propriété.

La valeur de l'usufruit étant de moitié de celle de la pleine propriété, nous disons : L'époux peut recevoir un quart et demi; l'étranger un quart seulement. Nous retranchons un demi-quart ou un huitième du disponible de l'époux ; nous réduisons d'autant la libéralité qui lui a été faite et nous opérons ensuite le partage proportionnel de un quart en propriété ; enfin, nous attribuons à l'époux le restant du disponible établi en sa faveur, c'est-à-dire un demi-quart. La part de l'époux sera donc d'un quart ; celle de l'étranger sera d'un huitième.

date. L'art. 926 sera en pareil cas inapplicable, car nous avons à réduire des libéralités qui ne sont point régies par le même disponible : l'on ne peut les réduire au marc le franc. Quelle se a donc en pareil cas le mode de réduction à adopter? Il s'est produit sur cette question plusieurs opinions; nous exposerons seulement celle que nous adoptons comme étant le plus conforme à l'équité, ainsi qu'aux principes de cette matière.

Nous reproduirons la troisième des règles qui nous ont déjà guidé dans l'étude de la réduction en matière de donation entre vifs : Il ne faut pas que l'un des donataires ou légataires puisse profiter d'un disponible qui n'est pas établi pour lui.

Nous examinerons successivement :

1° Le cas où il y a un enfant commun;

2° Celui où il y a un enfant du premier lit;

3° Celui où il y a trois enfants communs ou un plus grand nombre;

4° Celui où il y a des ascendants dans les deux lignes.

Point de difficulté au cas où les deux disponibles sont de même étendue, ce qui arrive au cas où il y a trois enfants d'un premier mariage; les deux donations seront réduites proportionnellement et au marc le franc, comme le veut l'art. 926; mais lorsque le disponible est différent, il n'est plus possible d'opérer ainsi, sans quoi l'on ferait profiter l'un des légataires d'un disponible qui n'est pas le sien. Voici alors quel sera le mode de procéder d'après le système que nous croyons devoir adopter :

L'on ne tiendra compte provisoirement que du disponible le plus faible, mais en même temps que l'on abaissera la quotité la plus forte il faudra, provisoirement aussi, faire subir la même opération à la libéralité faite au donataire le plus favorisé par la loi. Ceci fait, l'on procédera à la réduction proportionnelle, et l'on attribuera le restant du disponible le plus fort à celui qui se trouve y avoir droit.

Faisons l'application de cette théorie à nos quatre hypothèses.

Première hypothèse. — Il y a un enfant commun : La quotité disponible à l'égard de l'étranger est de moitié en propriété ; à l'égard du conjoint, elle n'est que d'un quart en propriété et un quart en usufruit.

Prenant pour base l'estimation donnée à l'usufruit par la loi de frimaire, nous dirons que l'usufruit équivalant à la moitié de la propriété, la quotité disponible à l'égard du conjoint est de un quart et demi, soit trois huitièmes. Nous abaisserons provisoirement à ce taux le disponible à l'égard de l'étranger; mais en retranchant un huitième de son disponible, nous defaite par contrat de mariage et le cas où elle est faite pendant le mariage; au premier cas, elle emprunte au contrat de mariage un certain caractère d'irrévocabilité (art. 1083). L'époux donateur ne peut plus aliéner, à titre gratuit, si ce n'est pour sommes modiques; la donation qu'il ferait à un étranger serait nulle ou valable, selon qu'il resterait ou non quelque chose de disponible à son égard.

La question qui nous occupe ne pourra présenter d'intérêt que si nous supposons une donation de biens à venir entre époux pendant le mariage; cette donation devra-t-elle être réduite à sa date?

Il faudra préalablement examiner si la nouvelle donation n'est point elle-même une révocation tacite de tout ou partie de la donation de biens à venir. Aucun doute ne sera possible si la donation de biens à venir est universelle; une telle donation ne porte que sur les biens qui se trouveront au décès du disposant; il y aura, par conséquent, révocation de la libéralité faite à l'époux jusqu'à concurrence de celle faite à l'étranger.

Supposons donc que la donation faite à l'époux est à titre universel ou qu'elle consiste en un objet particulier. Observerons-nous l'ordre indiqué par l'art. 923?

La nature de la donation de biens à venir nous fournit elle-même la solution : une telle donation ne doit produire d'effet qu'au décès du disposant; celui-ci n'a pas voulu se dépouiller de son vivant; si plus tard il fait une donation à un étranger, c'est qu'il entend se montrer envers lui plus favorable qu'envers son conjoint; ce sera donc se conformer à la volonté du disposant que de n'attaquer la donation de biens présents qu'après la donation de biens à venir. Si nous supposons que la libéralité faite postérieurement à l'étranger est non plus une donation, mais un legs, y aura-t-il encore un certain ordre à observer ou faudra-t-il réduire les libéralités à la même date? L'on décide généralement que l'on devra faire porter la réduction d'abord sur le legs; le donataire de biens à venir a, en effet, un droit préférable à celui du légataire, car même en présence d'héritiers à réserve, il est saisi en vertu de son titre, il n'a point de délivrance à demander. Au contraire, le légataire même universel n'est point dispensé de cette formalité s'il y a des héritiers à réserve (art. 1005). Son droit étant moins favorable que celui de l'époux donataire, il subira avant lui l'effet de la réduction.

Supposons maintenant que les libéralités faites tant au conjoint qu'à l'étranger soient des libéralités testamentaires. La question à examiner serait identique, si au lieu de supposer deux legs, nous supposions deux donations portant la même

4e *hypothèse.* — Le défunt laisse un ascendant en chaque ligne : La quotité disponible, à l'égard de l'époux, est de moitié en propriété, plus l'usufruit de la réserve des ascendants ; la quotité disponible à l'égard de l'étranger est de moitié seulement en propriété. L'époux peut donc recevoir une moitié en usufruit de plus que l'étranger. Supposons provisoirement que le disponible soit le même pour chacun d'eux ; nous réduirons la libéralité de l'époux dans la même mesure ; nous partagerons ensuite la moitié de l'hérédité dans la proprtion de chaque libéralité ; enfin nous restituerons à l'époux la différence entre son disponible et celui de l'étranger : il recevra ainsi une moitié de l'hérédité, en usufruit et un quart en propriété, l'étranger un quart seulement.

APPENDICE.

DONATIONS INDIRECTES DÉGUISÉES OU PAR PERSONNES INTERPOSÉES.

Il ne suffisait pas au législateur de déclarer les donations entre époux essentiellement révocables; il ne suffisait pas non plus de les déclarer réductibles, il fallait encore prendre les mesures nécessaires pour assurer le libre exercice de la révocabilité et de la réductibilité. C'est dans ce but que fut rédigé l'article 1099, dont voici la teneur :

« Les époux ne pourront se donner indirec-
« tement au delà de ce qui leur est permis par
« les dispositions ci-dessus. Toute donation dé-
« guisée ou faite à personnes interposées sera
« nulle. »

Cet article embrasse tous les genres de donations entre époux, celles par contrat de mariage, comme celles pendant le mariage ; celles envers un premier conjoint comme celles envers un second, en cas d'enfants d'un premier lit. Les expressions : par les dispositions ci-dessus ne laissent aucun doute à cet égard.

Ce qui est plus controversé ; c'est le point de savoir si cet article est applicable de la même manièreà tous les avantages entre époux résultant de conventions à titre onéreux d'un déguisement d'acte, ou d'une interposition de personnes.

Dans un premier système, l'on soutient que l'article 1099 ne contient qu'une seule sanction, la réduction, sans qu'il y ait à distinguer entre les différentes espèces de libéralités. Les libéralités indirectes sont dit-on, un genre large, dont les libéralités déguisées ou faites à personnes interposées ne sont que les espèces. L'article 1099 est trop absolu ; ce n'est pas la nullité totale qu'il entend prononcer, mais une nullité partielle, n'atteignant que l'excédant de la libéralité sur le disponible; en un mot, le deuxième alinéa de cet article ne serait que le développement du premier.

une donation, sans aller en outre en prononcer la nullité. Les héritiers auront le droit, du reste, de renoncer à cette présomption établie en leur faveur, et s'ils peuvent prouver que l'opération n'est en réalité qu'une donation déguisée, ils feront annuler l'acte en entier.

En résumé, les donations indirectes sont réductibles ; les donations déguisées, ou par personnes intéressées sont nulles. S'il en était autrement, ne serait-il pas bizarre que la loi eût, pour ainsi dire engagé, les parties elles-mêmes à se jouer des règles établies. Que craindraient-elles en effet, si l'on adoptait le système que nous combattons ? A supposer que la donation déguisée fût démasquée, elle n'en resterait pas moins valable, et ne serait que réductible ; les parties auraient tout à espérer du succès de leur fraude, sans rien risquer. Cette simple observation suffirait à elle seule pour lever tous les doutes, s'il pouvait sérieusement en exister à leur égard.

Nous avons vu précédemment que l'action en réduction appartenait aux héritiers réservataires, et ne pouvait appartenir qu'à eux ; l'action en nullité, au contraire, appartient : 1° Aux époux eux-mêmes ; 2° aux héritiers réservataires ou non ; la première dure trente ans, la seconde dix seulement. La prescription de l'action en réduction commencera à courir du jour du décès du disposant, celle de l'action en nullité courra du jour de la dissolution du mariage ; toutefois si le mariage était dissous par le prédécès du donateur, nous pensons que la prescription de l'action en nullité ne commencerait à courir que du jour du décès du disposant ; car ce dernier, selon l'opinion que nous avons admise, conserve de son vivant le droit de révocation à l'encontre des héritiers du donataire.

Présomptions de déguisement ou d'interpositions de personnes. — En matière de succession, il existe une présomption légale de déguisement, celle établie par l'art. 918. Rien de semblable en matière de donation entre époux, à l'exception, peut-être, de l'art. 1595 qui prohibe la vente entre époux, sauf trois cas, et par suite la présume frauduleuse dans les autres cas.

L'interposition de personnes est, au contraire, présumée en certains cas prévus par la loi ; ainsi, aux termes de l'art. 1100 il y a interposition présumée : 1° lorsque la donation est faite par un époux aux enfants de l'autre époux issus d'un précédent mariage ; 2° lorsqu'elle est faite par le donateur, aux parents dont l'autre époux sera héritier présomptif au jour de la donation, encore que ce dernier n'ait point survécu à son parent donataire.

L'art. 1100 est le pendant de l'art. 911 ; mais il étend la présomption à un plus grand nombre de personnes. Il répute interposées deux classes personne capable, mais on la charge de transmettre la libéralité à une personne incapable : l'époux dans notre matière ; c'est une sorte de fidéicommis, notre Code ne le prohibe qu'autant qu'il s'adresse à une personne incapable : il en prononce alors la nullité : c'est ce que nous dit notre art. 1099 ; l'art. 911 prononce également la nullité des libéralités faites à un incapable; et c'est bien en effet la nullité que la loi doit prononcer, et non la réduction, comme le voudrait le premier système ; l'article 911 se réfère aux donations qui seraient faites à un tuteur par son pupille, ou à un médecin par son malade, ou à des communautés religieuses non-autorisées.

L'article 908 se trouve, il est vrai, parmi les articles qui traitent des dispositions faites à ces personnes ; mais l'on s'accorde généralement à dire que cet article n'est pas à sa véritable place ; il n'a pas trait à une question de capacité, mais bien de disponibilité ; ce n'est pas sur lui que l'article 911 a été écrit, car l'enfant naturel est capable dans une certaine limite.

La donation indirecte se présente d'une manière franche et ostensible ; elle fait partie d'un acte sérieux et valable, les héritiers la découvriront facilement ; les deux autres, au contraire, n'apparaissent que sous le voile du mensonge : elles sont d'autant plus dangereuses que la preuve en est plus difficile à faire : l'on conçoit que le législateur ait cherché à les prévenir, en les frappant de nullité : *Lex arctius prohibet quod facilius fieri putat.*

Ce n'est pas, du reste, seulement entre époux, que la donation déguisée est prohibée ; elle l'est selon nous, à l'égard de toute personne ; elle n'existe à aucun point de vue, ni comme convention à titre onéreux, puisque l'acte n'est pas sérieux, ni comme donation, puisqu'elle n'a pas été revêtue des formes voulues par la loi.

Eh quoi ! notre législateur aurait établi des formes rigoureuses pour les donations, puis, du même coup, il aurait détruit son œuvre, en permettant d'échapper aux règles qu'il venait d'exposer ; une telle inconséquence est inadmissible.

En vain nous oppose-t-on l'article 918, où l'on voit le législateur reconnaître une donation dans le fait d'une aliénation à fonds perdu, entre un ascendant et son successible ; l'hypothèse prévue par cet article est trop spéciale pour que l'on puisse en tirer un argument de quelque valeur : le législateur, dans le doute sur le point de savoir si l'opération intervenue est ou non sérieuse, prend le parti de la déclarer valable comme donation, et par conséquent réductible. Mais s'il se prononce pour la validité de l'acte intervenu, c'est qu'il pourrait se faire que l'opération fût sérieuse ; c'était déjà bien assez de la déclarer être

En outre, pour prouver que l'on ne doit pas prendre à la lettre l'expression nulle, l'on invoque l'article 911, où la loi se sert, dit-on, de la même expression, tandis qu'elle ne veut prononcer que la réduction ; l'on invoque aussi l'article 918, où la loi supposant une donation déguisée, la déclare simplement réductible ; enfin l'on rappelle que le premier chef de l'édit des secondes noces ne faisait aucune distinction entre les différentes espèces de libéralités.

Nous ne saurions admettre cette opinion ; il nous semble qu'elle fait trop bon marché d'un texte suffisamment clair et précis ; les arguments que l'on veut tirer du reste des articles 911 et 918 sont très-contestables.

L'article 1099 se compose de deux alinéas ; le premier a trait aux avantages indirects, l'autre aux donations déguisées, ou faites par des personnes interposées. Dire que le deuxième alinéa n'est que le développement du premier, c'est faire une confusion entre des libéralités que la loi a pris soin elle-même de distinguer, c'est rendre inutile ce dernier alinéa.

Il faut reconnaître, selon nous, trois sortes de libéralités : 1° les avantages indirects ; 2° les donations déguisées ; 3° les donations par personnes interposées.

1. *Libéralités indirectes.* — Ce sont celles qui résultent d'une convention valablement formée

entre les parties ; tel serait par exemple le cas de vente ; la vente n'est permise entre époux que dans trois cas, qui ne sont autres que des *datio in solutum* (art. 1595) ; il peut se faire que dans ces trois cas il y ait avantage indirect ; la loi prévoit elle-même cette hypothèse à la fin de l'article précité. Cet article suffirait à lui seul pour démontrer que la loi entend par avantage indirect, tout autre avantage que celui résultant d'une donation déguisée, ou par personnes interposées. La vente qui contient un avantage indirect reste valable ; l'avantage lui-même n'est pas nul, il n'est que réductible en cas d'excès sur le disponible.

Des avantages indirects peuvent encore résulter d'autres conventions, comme le suppose l'art. 853, qui ne leur applique que la réduction. Une renonciation à une succession ou à un legs pour en faire profiter le conjoint, le cautionnement, sont autant d'actes valables en eux-mêmes ; mais l'avantage qui en résulte est réductible.

2° *Donations déguisées.* — Il y a donation déguisée lorsque les parties n'ont rien voulu faire autre chose qu'une donation ; mais pour éluder la disposition de la loi, elles couvrent leur opération du nom d'un acte imaginaire ; tel serait le cas d'une vente par un acte portant faussement quittance du prix.

3° *Donations par personnes interposées.* — Par cette donation l'on gratifie en apparence une différentes de personnes ; examinons-les successivement :

Première classe. — Elle comprend tous les enfants issus d'un premier lit : ce sont non-seulement les enfants légitimes du présumé donataire; mais encore ses enfants naturels reconnus. La même prohibition s'étendra même aux enfants adoptifs; cependant, nous pensons que la présomption cesserait d'avoir lieu à leur égard si l'adoption leur avait été conférée par les deux époux, comme le permet l'article 344, car alors l'affection commune des adoptants envers l'adopté motive suffisamment la libéralité qui lui a été faite; c'est pour la même raison que la présomption d'interposition ne s'étend pas aux enfants communs, l'affection naturelle qu'ils inspirent à leurs parents est une garantie de la sincérité de l'opération.

Deuxième classe. — Elle comprend les personnes dont le conjoint était héritier présomptif au jour de la donation; la loi ajoute : encore que ce dernier n'ait point survécu à son parent donataire. En effet, peu importe que celui-ci devienne ou non son héritier, peu importe s'il accepte ou s'il renonce à sa succession, il n'en est pas moins vrai qu'au jour de la donation, l'époux était son héritier présomptif; c'est l'intention frauduleuse que la loi veut punir ; elle n'avait donc pas à se préoccuper des événements ultérieurs.

Les présomptions établies par notre art. 1100 sont des présomptions légales; aucune preuve contraire n'est admissible pour les combattre (1352).

Il peut se faire qu'il y ait interposition en dehors des cas prévus par la loi : ce serait alors aux héritiers de prouver l'interposition de personnes : *Probatio incumbit actori.*

POSITIONS.

DROIT ROMAIN.

I. Le mariage était à Rome un état de fait; la future épouse devait se mettre à la disposition de son mari.

II. La prohibition des donations entre époux dérivait de la coutume, et non de l'*auctoritas prudentum.*

III. Cette prohibition est d'une époque postérieure à la loi Cincia.

IV. La donation était permise entre concubins.

V. La loi Julia et Papia ne prononçait pas la nullité du mariage entre la fille d'un sénateur et un affranchi; elle frappait seulement ces personnes des peines du célibat.

VI. La donation de la chose d'autrui était permise entre époux, lorsque l'époux donateur n'était pas en position d'usucaper lui-même.

VII. L'époux donataire avait la possession *ad interdicta tantum*.

VIII. La loi 3, § 12, Dig., *De donat. int.*, est en opposition avec la loi 38, § 1er *De solutionibus*; Dig.

IX. Le sénatus-consulte de Caracalla s'appliquait à toutes les donations entre époux, même aux promesses non suivies d'exécution du vivant du donateur.

DROIT FRANÇAIS.

I. La donation à cause de mort n'a pas été maintenue dans notre Code.

II. La donation de biens à venir n'est pas transmissible aux enfants à naître, même en vertu d'une clause expresse.

III. Les donations entre époux pendant le mariage sont révocables pour ingratitude.

IV. L'époux défendeur à une demande en séparation de corps perd, s'il succombe, tous les avantages que lui a faits son conjoint.

V. La donation de biens présents entre époux, pendant le mariage, n'est pas caduque par le prédécès de l'époux donataire.

VI. L'art. 1094 est limitatif.

VII. Les donations de biens présents entre époux, pendant le mariage, ne sont point dispensées des formalités de la transcription et de l'état estimatif.

VIII. En cas d'enfants d'un premier lit, l'époux qui a donné à son deuxième conjoint une part d'enfant, ne peut plus rien donner à un troisième.

IX. Les donations déguisées, ou par personnes interposées, sont nulles pour le tout.

X. En cas de mariage de l'adoptant, l'adopté pourra invoquer le bénéfice de l'art. 1098.

XI. Lorsque la donation entre époux porte sur la réserve des héritiers, l'époux donataire ne peut être dispensé de fournir caution.

XII. Lorsque la donation faite à l'époux est la première en date, elle est imputable sur le disponible ordinaire, jusqu'à concurrence du disponible qui lui est propre.

XIII. L'époux qui a donné à son conjoint la moitié de ses biens, en usufruit ne peut plus rien donner à un étranger, lorsqu'il y a trois enfants ou un plus grand nombre.

XIV. L'action en réduction appartient concurremment aux enfants du premier et du second lit.

HISTOIRE DU DROIT.

I. La censive dérivait du précaire.

II. La communauté légale est d'origine germanique.

III. Les justices seigneuriales dérivaient des chartes d'immunités concédées par le roi.

IV. Lorsque le don mutuel avait lieu par contrat de mariage, l'époux donataire pouvait être dispensé de fournir caution.

DROIT COMMERCIAL.

I. Il n'y a pas lieu à répétition des sommes payées à l'agent de change, à titre de couverture, pour les opérations de bourse, auxquelles il a prêté son ministère.

DROIT CRIMINEL.

I. La résistance envers un officier public, en voie d'exécuter un acte manifestement illégal, ne constitue pas le délit de rébellion prévu par l'article 209 du Code pénal.

II. Lorsqu'un militaire en état de désertion, commet un crime ou un délit, il sera renvoyé devant le tribunal militaire, si la peine applicable au nouveau crime ou au nouveau délit est inférieure à celle applicable au délit de désertion; il sera renvoyé au contraire devant le tribunal civil, si la peine applicable au délit de désertion est la plus faible.

DROIT PUBLIC.

I. L'on peut saisir-arrêter en France les sommes dues à un gouvernement étranger.

II. Les ministres d'un culte reconnu peuvent être poursuivis directement, et sans l'autorisation préalable du conseil d'Etat, pour des faits relatifs à leurs fonctions.

Vu par le Président de la Thèse,
COLMET DE SANTERRE.

Vu par l'Inspecteur général délégué,
GIRAUD.

Vu et permis d'imprimer,
le Vice-Recteur de l'Académie de Paris,
MOURIER.

TABLE DES MATIÈRES.

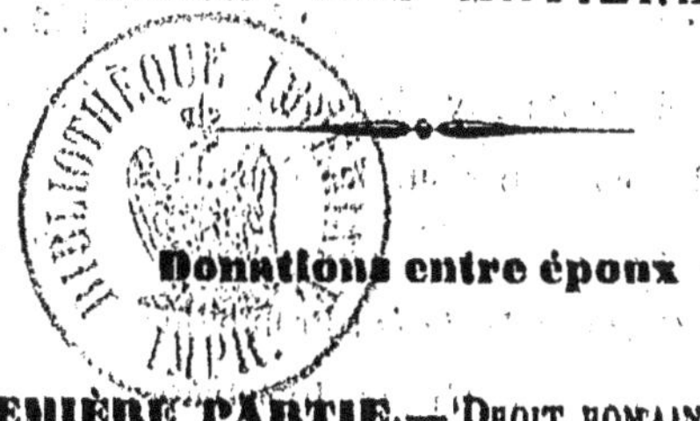

Donations entre époux

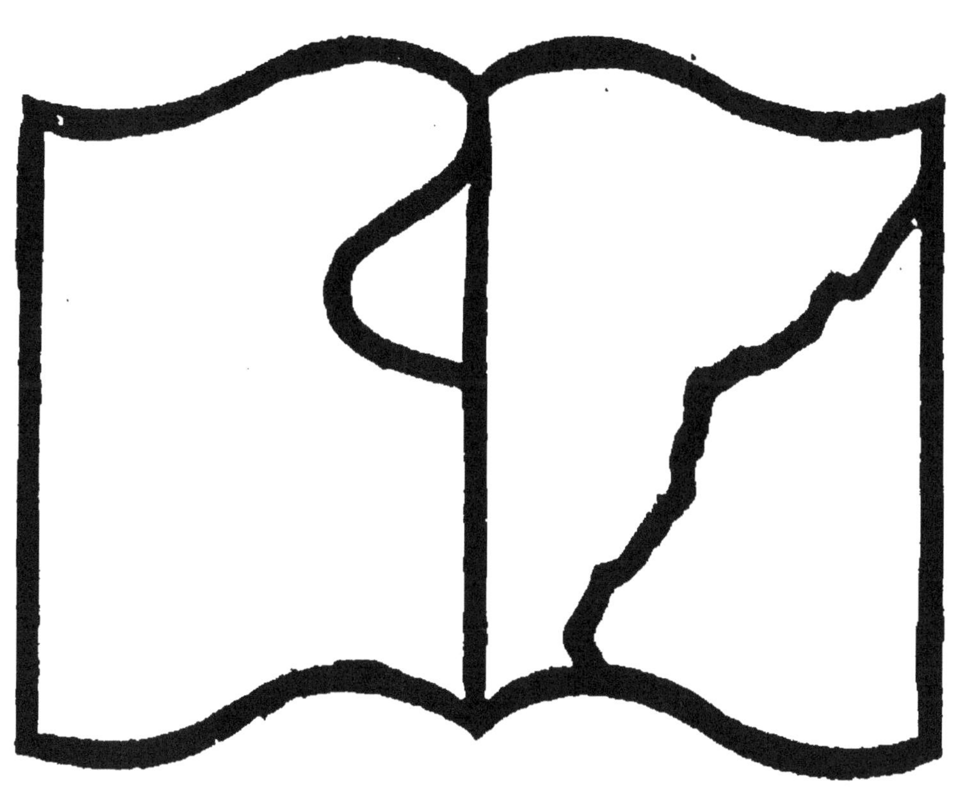

Texte détérioré — reliure défectueuse

NF Z 43-120-11

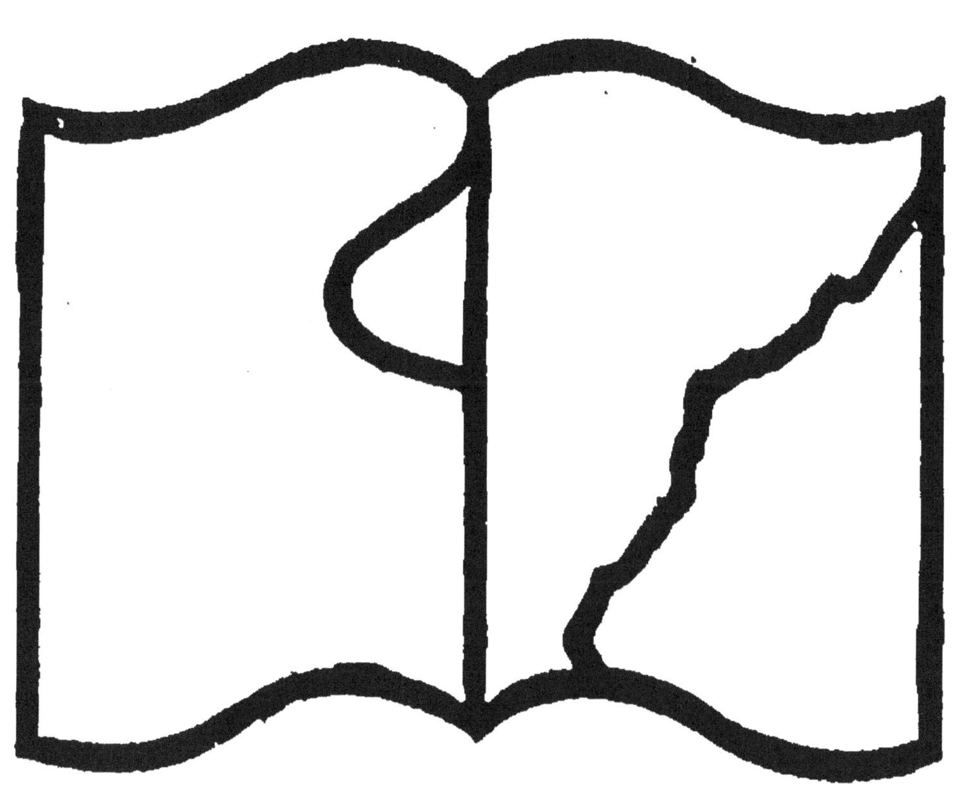

Texte détérioré — reliure défectueuse

NF Z 43-120-11

www.ingramcontent.com/pod-product-compliance
Lightning Source LLC
Chambersburg PA
CBHW060338200326
41519CB00011BA/1971
9782019607494